Einwanderungsland Europa?

2. Auflage

Leopold Stocker Verlag
Graz – Stuttgart

Umschlaggestaltung: Atelier Kirschblau, Graz

ISBN 3-7020-0675-3
Alle Rechte der Verbreitung, auch durch Film, Funk und Fernsehen,
fotomechanische Wiedergabe, Tonträger jeder Art, auszugsweisen Nachdruck
oder Einspeicherung und Rückgewinnung in Datenverarbeitungsanlagen aller
Art, sind vorbehalten.
Herausgegeben von R. Eder und A. Mölzer. Texte mit freundlicher
Genehmigung des Freiheitlichen Bildungswerkes, Wien.
© Copyright by Leopold Stocker Verlag, Graz 1993; 2. Auflage 1994
Printed in Austria
Druck: M. Theiss, A-9400 Wolfsberg

INHALT

VORWORT 5

Erlung Kohl
VOM WERT DER MANNIGFALTIGKEIT –
Ethnologische Grundlagen jeder Bevölkerungspolitik 8

Robert Hepp
EINWANDERUNGSPOLITIK ZUR SICHERUNG
UNSERES LEBENSSTANDARDS? 20

Johann Millendorfer
DIE MASSENEINWANDERUNG AUS DER SICHT
DES SYSTEMTHEORETIKERS UND KATHOLIKEN 39

Josef Schmid
„MULTIKULTUR" –
Zur Idee und Kritik eines Gedankenexperiments 48

Rudolf Eder
WIRTSCHAFTS- UND GESELLSCHAFTSPOLITISCHE
ASPEKTE VON MIGRATIONEN 65

„WIR STEHEN AM BEGINN
EINER VÖLKERWANDERUNG…" 82
Gespräch mit Prof. Otto Koenig

Andreas Mölzer
MELTING POT MITTELEUROPA 100

Heinrich Lummer
PROBLEME SCHAFFEN OHNE WAFFEN:
DIE MULTIKULTURELLE GESELLSCHAFT 113

Irenäus Eibl-Eibesfeldt
ZUKUNFT MULTIKULTURELLE GESELLSCHAFT? 129

Günther Nenning
„ZU EINER ANSTÄNDIGEN NATION
GEHÖRT, DASS MAN AUSLÄNDER
ANSTÄNDIG BEHANDELT…" 143
Zitate aus einer Diskussion mit
Jörg Haider und Kurt Krenn

AUTORENVERZEICHNIS 146

VORWORT

Aus der Geschichte kennen wir viele Erscheinungsformen der Migration: Völkerwanderungen, Eroberungen verbunden mit Kolonialisierung und Besiedlung, Sklaventransporte, Verschleppungen, den Exodus, Auswanderungen, Flüchtlingsströme, Vertreibungen, etc. Das Phänomen ist eng mit der Menschheitsgeschichte, mit Tragödien, Krieg, Unruhen und in besonderem Maße mit Unrecht verbunden.

Die Ursachen solcher Wanderungen sind hinlänglich bekannt. Viel weniger bekannt sind die längerfristigen Folgen und Folgeerscheinungen der verschiedenen Wanderungen, obwohl es auch darüber Berichte und Untersuchungen gibt.

Es ist eine Tatsache, daß man das Wissen über mögliche Wirkungen von Wanderungen systematisch verdrängt und Beispiele aus unserer Geschichte nur sehr zögernd und selektiv in Medien analysiert und nur selten im richtigen, aktuellen Zusammenhang darstellt. Es handelt sich um ein heikles Thema, dem man ausweicht, weil die Realität mit gewissen Ideen nicht übereinstimmt. Man gewinnt den Eindruck, daß man in diesem Punkt aus der Geschichte nicht lernen will.

Eine der zwangsläufigen Folgen von Wanderungen ist beispielsweise die Entstehung einer multikulturellen Gesellschaft. Der Staatsbürger weiß sehr wenig über sie und es können auch kaum Beispiele für geglückte Gesellschaften dieser Art gefunden werden. Dennoch gibt es Verfechter derartiger Experimente. Wer aber trägt die Verantwortung für soziale Unruhen, Feindseligkeiten und die Klimaverschlechterung, die ein solches Experiment mit sich bringen kann? Haben Menschen ein Recht auf Heimat?

Österreich in den heutigen Staatsgrenzen war in diesem Jahrhundert wie Deutschland wiederholt Zielland für Migranten der verschiedensten Ethnien, die in anderen Ländern – vor allem den Nachfolgestaaten der Monarchie – verfolgt, nicht geduldet oder einfach nicht gerne gesehen wurden. Viele Menschen sind während und nach den Weltkriegen aus nichtökonomischen Gründen nach Österreich gekommen, denn den Österreichern ist es damals viel schlechter gegangen als den Bewohnern der meisten Nachbarstaaten. Menschen sind gekommen, weil sie sich hier offensichtlich wohl und sicher gefühlt haben, weil der Österreicher gegenüber Fremden offensichtlich freundlicher und großzügiger war als die Bevölkerung anderer Länder. Wäre der Österreicher, wäre der Bundesdeutsche so schlecht wie er oft dargestellt wird, würden mögliche Einwanderer das Land wohl meiden!

Damit soll aber keinesfalls gesagt werden, daß die Zuwanderer von der Bevölkerung immer wohlwollend, freudig und gerne aufgenommen wurden. Es sind auch sehr negative Reaktionen auf Masseneinwanderungen bekannt. Wie ist es dazu gekommen? Gibt es eine Erklärung dafür, hat man eine solche überhaupt gesucht? Handelt es sich um Reaktionen auf zugefügtes Unrecht, oder sind die Reaktionen nur ein Beweis für die Schlechtigkeit der Menschen, in deren Land so viele Ausländer wollen?

Die einheimische Kernbevölkerung wurde zu Zeiten totalitärer Regime nie gefragt, ob sie bereit wäre, Einwanderer aufzunehmen. Soll das auch in einer Demokratie so sein? Es ist irritierend, wenn sich Politiker, Vertreter der verschiedensten Lobbies, Religionen und sonstiger Interessengruppen auch heute noch totalitär verhalten, indem sie sich ganz einfach über die herrschende Grundstimmung in der Bevölkerung hinwegsetzen und versuchen – unter Mißachtung der Meinung zumindest eines Teiles der Bevölkerung – ihre eigenen Ideen von einer multikulturellen Gesellschaft zu realisieren. Ist ein solches Verhalten demokratisch? Welche Werte werden der Demokratie übergeordnet?

In einer gelebten Demokratie würden Staatsbürger erwarten, daß die Entscheidungsfindung in Fragen, die für sie wichtig sind, anders verlaufen. Es darf wohl bezweifelt werden, daß es richtig und demokratisch ist, wenn Vertreter sogenannter demokratischer Parteien sich auf den Standpunkt stellen, die einfachen Menschen (Wähler) verstünden nichts von Bevölkerungsfragen und müßten daher bei der Entscheidung ausgeschaltet werden. Die Menschen wissen sicherlich viel mehr von Bevölkerungsproblemen als von Atomkraftwerken. Beide Themen werden von Angst beherrscht. Aus den Sozialwissenschaften ist bekannt, daß nur jedes Individuum für sich feststellen kann, ob es sich wohl fühlt oder nicht. Hat der bevormundende Sozialismus die Menschen glücklich gemacht? Bei dem derzeitigen Wissensstand über Folgewirkungen ist es wohl angebracht, die Staatsbürger selbst entscheiden zu lassen. Die Migrationsproblematik könnte sich als explosiver herausstellen als das Atomkraftwerk in Zwentendorf, welches per Volksabstimmung 1978 verhindert wurde. Jedesfalls tickt hier eine Zeitbombe. Wir wissen nur nicht, auf welche Zeit sie eingestellt ist.

Die gelebte Demokratie setzt voraus, daß die Bevölkerung in allen wichtigen Fragen informiert und an großen Entscheidungen beteiligt wird. Die derzeitige Masseneinwanderung stellt für Österreich aus mehreren Gründen eine wichtige Frage dar.

Durch den Zustrom von 700.000 bis 1,200.000 Menschen der verschiedensten Volksgruppen aus aller Welt hat sich in Österreich, wie in Deutschland, in den letzten Jahren sehr viel verändert. Darüber herrscht Zufriedenheit bei einer Gruppe von Linksintellektuellen, den

Anhängern einer multikulturellen Gesellschaft und einer Gruppe, die offensichtlich wirtschaftliche oder andere Vorteile aus der Zuwanderung zieht, aber Unsicherheit und Angst beim größten Teil der Österreicher und jämmerliche Ratlosigkeit bei vielen Politikern.

Die Haltung der Befürworter der unkontrollierten und grenzenlosen Zuwanderung wird durch ihren Glauben, ihre Weltanschauung, einen irrationalen und unrealistischen Humanismus, materielle Vorteile, aber auch durch rein heuchlerischen Tugendwetteifer bestimmt. Die ablehnende Haltung der Mehrheit der Österreicher und Deutschen stützt sich auf Angst, Unsicherheit, abschreckende Beispiele, welche die Geschichte in großer Zahl bietet und Nachteile, die für sie durch den Massenzustrom von Ausländern scheinbar oder tatsächlich entstehen.

Die meisten Argumente für oder gegen die Zuwanderung entspringen somit der Gefühlswelt. Sie führen einerseits bis zum Ausländerhaß und andererseits zur Ausgrenzung, Verunglimpfung, Schmähung und Beleidigung von Mitbürgern. Sie führen zur Spaltung der Gesellschaft.

Die Lage hat sich so verschärft, daß eine eindeutige, aber demokratische Lösung dringend notwendig ist. Eine Verzögerung wird die Situation nur verschlimmern. Jeder mündige Bürger und reife Demokrat wird gerne zur Kenntnis nehmen, daß er nur eine Stimme hat. Er wird aber auch für sich das Recht auf Meinungsäußerung und Meinungsbildung beanspruchen. Dieses Recht wurde und wird von Leuten auf das Gröblichste verletzt, die sich selbst gerne Demokraten nennen und eine Diskussion über Migration bekämpfen, redliche Bürger bezichtigen, mit der Angst zu spielen und Mitbürgern einfach nicht zugestehen wollen, anderer Meinung zu sein. Diese Leute werden zur Kenntnis nehmen müssen, daß auch sie nur eine Stimme haben, wenn die Demokratie funktionieren soll.

In diesem Sinne stellt Migration ein Problem dar, an dem sich alle Staatsbürger gleichermaßen als Humanisten wie Demokraten üben können. Es ist seiner Natur nach nicht gefühlsmäßig zu lösen, sondern verlangt Wissen über Fakten, Zusammenhänge, Interessen und Wirkungen. Fremdenhaß soll nicht verboten, sondern vermieden werden.

Der Sammelband möge den Lesern dazu dienen, sich über ein wichtiges Problem unserer Zeit zu informieren, andere Meinungen kennenzulernen, sich selbst eine Meinung zu bilden und diese einer politischen – aber demokratischen – Umsetzung näherzubringen.

Rudolf Eder und Andreas Mölzer

Erlung Kohl

VOM WERT DER MANNIGFALTIGKEIT

Ethnologische Grundlagen jeder Bevölkerungspolitik

Die menschliche Phantasie ist grenzenlos. Sie wurde uns von der Natur mitgegeben und hat ganz wesentlich zur geistigen Entwicklung des Homo sapiens beigetragen, konnte allerdings bis vor etwa 200 Jahren keinen wesentlichen Schaden in ideologischer oder materieller Hinsicht anrichten. Heute führt sie uns auf beiden Gebieten an den Rand des Abgrundes. Phantasievolle Ideologen sowie die von ihnen beeinflußten Politiker versuchen, uns den Menschen und seine Verhaltensweisen so zu erklären, wie sie es gerne haben möchten. Die Natur läßt uns herrliche Luftschlösser bauen, weil der „Freiraum des Glaubens" zu ihrem Erfolgsprogramm gehört. Die Wahrheit aber ist, daß wir zwar vieles wollen können, aber nicht alles, was wir wollen, können wir auch.

Hier geht es um das Problem der hinter aller scheinbaren Freiheit liegenden Prädisposition. Spräche man gegenüber Staatsführern oder Politikern von menschlicher Prädisposition, müßten sie dagegen protestieren, denn für sie sind ihr eigener Glaube, ihre selbsterdache Ideologie Ausgangspunkt und Ziel zugleich.[1] Doch die ererbten Instinkte des „modernen" Menschen entsprechen noch immer denen unserer Ahnen aus dem Pleistozän (vor rund einer Million Jahren). Damals waren sie zum Überleben notwendig, und auch heute durchbrechen sie die Leistungen und erlernten Hemmungen, die in der Großhirnrinde gespeichert sind, wenn Gefahr in Verzug ist und es um existentielle und lebensbedrohende Probleme geht.

Es ist zwar nicht immer angebracht, an Tieren beobachtete Faktoren auf den Menschen zu übertragen, doch gelten für den Menschen gerade in seiner Populationsdynamik keineswegs andere Naturgesetze.[2] Man muß daher fragen, welche Regulationsprinzipien der Bevölkerungen den Menschen in seiner Geschichte betrafen oder noch heute wirksam sind. Einer der maßgeblichsten Faktoren dieser Regulationsmechanismen innerhalb der Populationen des Menschen (intraspezifische Konkurrenz) war und ist heute mehr denn je der „Gedrängefaktor". Er hat in vielen Teilen der Erde bereits beträchtliche Bedeutung erlangt. Je größer die Besiedlungsdichte, die Zusammenballung in Städten und Industriezentren ist, desto wirksamer ist er. Er führt zur Überbeanspruchung, zum Streß und damit zu dem bei Tieren zuweilen ebenfalls wirksamen Begrenzungsprinzip „Kannibalismus". (In einer zu dicht besetzten Box – bei einem Überangebot an Futter – beginnen Mäuse ihre Artgenossen aufgrund des zu hohen sozialen Stresses zu töten und aufzufressen.) Kriege sind, biologisch gesehen, nichts anderes. Früher konnten sie ein zu schnelles Anwachsen von Teilbevölkerungen verlangsamen. Doch selbst der hohe Blutzoll von 50 Millionen Toten, den der Zweite Weltkrieg gebracht hat, ist heute in weniger als einem Jahr ersetzt.[3]

Emigrationen haben in früheren Jahrhunderten die zurückbleibende Bevölkerung eines Landes entlasten können. Heute sind die meisten Länder überfüllt, und Auswanderung bedeutet keine ins Gewicht fallende Dezimierung der Bevölkerungszahl eines Landes.

Im Tierreich besitzen die meisten Arten Territorien mit festgelegten Grenzen. In „Rudeln" auftretende Arten weisen eine Sozialterritorialität auf. Das gleiche Phänomen gibt es beim Menschen, der zweifelsohne ebenfalls ein soziales Lebewesen ist. Hier war das Gelände in wohldefinierte Jagdgründe aufgeteilt. (Daraus entstanden unter anderem unser Gefühl und unser Bewußtsein für „Heimat".) Die Größe der Territorien und die Zahl der „Hordenmitglieder" standen in enger Beziehung zur Produktivität und dem Fassungsvermögen des Lebensraumes. So konnten Überbevölkerung und Hungersnot auf natürliche Weise vermieden werden. Durch die heutigen Erkenntnisse der Medizin und der Landwirtschaft sind diese Regelmechanismen außer Kraft gesetzt. Die Berechnungen der Ökonomen, daß ein Vielfaches der heutigen Menschheit die Erde bevölkern könnte, lassen die wichtige Tatsache außer acht, daß jeder Mensch, jedes Individuum sowie jede Individuengruppe mit gemeinsamer Sprache und Kultur – sprich: jedes Volk – seinen Platz braucht, um seine seelischen und geistigen Anlagen entfalten zu können. Doch die Territorien dieser Welt sind zur Gänze vergeben, es gibt keine „leeren" Räume für große Wanderbewegungen mehr – der nächste freie Platz wäre der Mond –, und so müßten jedes Land und jedes Volk selbst die Verantwortung für seine Bevölkerungspolitik und die Nutzung seiner Ressourcen tragen!

Eine weitere wichtige Tatsache der modernen Ökologie besagt, daß Zahl und Mannigfaltigkeit der Arten zu einer erhöhten Stabilität eines Ökosystems führen (für uns Menschen ist das Ökosystem unsere Erde). Artenärmere Ökosysteme, wie Tundra, Taiga, Wüste, Kleingewässer und Kulturlandschaften, sind relativ instabil und daher leichter durch Änderungen der Umweltbedingungen oder Katastrophen aus dem Gleichgewicht, oft bis an den Rand des Zusammenbruchs, zu bringen als tropische Regenwälder, Mangrovensümpfe, Korallenriffe oder große Seen mit tiefen Wasserbecken, die durch ihre Artenvielfalt und ihren Artenreichtum stabiler sind. Die Mannigfaltigkeit läßt mehr Spielraum, auf Einflüsse welcher Art auch immer zu reagieren. Auf den Menschen übertragen, bedeutet dies, daß eine Vielzahl von Völkern und Kulturen zur Stabilisierung der (ökologischen) Weltlage beiträgt.

Wenden wir uns nun der zoologischen Systematik zu. Seit Linné (1735, „Systema naturae") wird alles Lebendige hierarchisch geordnet. Im Tierreich unterscheiden wir daher verschiedene Stämme und Klassen (wie z.B. die Klasse der Reptilien, der Vögel oder der Säugetiere), die ihrerseits wieder in Ordnungen, Familien und Arten unterteilt sind. Der Mensch gehört zur Klasse der Säugetiere (Mammalia), zur Ordnung der Herrentiere (Primates), zur Familie der Menschen (Hominidae) und zur Art Mensch (Homo sapiens).[4]

Arten verzweigen sich weiter in Unterarten. In der Anthropologie, jenem Zweig der biologischen Wissenschaften, der sich mit der Erforschung der naturwissenschaftlich erfaßbaren Lebensäußerungen des Menschen beschäftigt, wird der in der Zoologie zur Untergliederung einer Tierart übliche Begriff „Unterart" gewöhnlich nicht angewandt. Statt dessen spricht man von „Rassen", die wiederum zu „Großrassen" (Europide, Mongolide und Negride sowie mehrere sogenannte Rassensplitter bzw. Sondergruppen: Australide, Eskimide, Indianide, Khoisanide, Ainuide, Polyneside, Melaneside)[5] zusammengefaßt werden können. Letztere sind „guten" Unterarten irgendeiner Tierart vergleichbar. Das bedeutet also, daß beispielsweise ein Angehöriger der europiden Großrasse einem Mongoliden prinzipiell ebenso nahesteht wie etwa ein südafrikanischer Leopard einem solchen der Amur-Unterart. Gegenüber den Fossilen vereinigt man alle heutigen Menschen allerdings meistens unter dem wissenschaftlichen Namen Homo sapiens und damit in einer einzigen Unterart, obwohl die einzelnen Großrassen eigene Unterart-Benennungen verdient hätten. Der Begriff „Rasse" wird für Gruppen von einigermaßen einheitlichen Bevölkerungen (Populationen) bestimmter Gegenden gebraucht, die sich in der Häufigkeit des Vorkommens verschiedener Erbanlagen unterscheiden. Nach Dobzhansky ist „Rasse ein Prozeß" (Rassen sind nicht statisch, sondern dynamisch). Rassen entstehen bei Tieren mit weitem Verbreitungsgebiet (wie auch beim Menschen) zum Teil aufgrund von geographischen Schranken, wie z.B. einer Bergkette, einer Wüste oder einem breiten Fluß, die isolierend wirken. Oft führt aber die Anpassung an unterschiedliche Umweltbedingungen auch ohne klar erkennbare geographische Hindernisse zur Entwicklung von Rassen.

Nun sind aber die beiderseits dieser Barriere angesiedelten Populationen keineswegs völlig verschieden. Es finden sich Übergangsformen und vielfach sogar unmittelbare Beweise für eine Vermischung, wenn auch freilich nicht in ausreichendem Maße, also daß alle Unterschiede verwischt werden könnten. Sind diese Unterschiede so deutlich ausgeprägt, daß man im großen und ganzen sagen kann, aus welcher Region das einzelne Exemplar stammt, erhalten die beiden Rassen gewöhnlich gesonderte Namen. Ließe sich jedes Exemplar mit Sicherheit als Angehöriger der einen oder anderen Population identifizieren, wäre also evident, daß zwischen ihnen kein Genaustausch stattfindet, gelten sie, wie gering die Unterschiede auch immer wären, als verschiedene Arten im genetischen Sinne des Wortes. Rasse definiert sich demnach also gerade durch das Vorhandensein von Zwischenformen.

Gelegentlich bekommt man zu hören, die Existenz von Zwischenformen beweise, daß es Rassen in Wirklichkeit gar nicht gäbe, doch braucht wohl kaum daran erinnert zu werden, daß es in anderen Zusammenhängen ja auch niemandem einfällt, die Realität von Kategorien mit dem Hinweis auf Zwischenformen anzuzweifeln. So protestiert beispielsweise kein Mensch gegen die Bezeichnungen Grün und Blau, obgleich zwischen diesen beiden Farben alle nur erdenklichen Abstufungen bestehen, und ebensowenig verwirft jemand die Begriffe „Mann" und „Frau" mit der Begründung, es gäbe schließlich auch Zwitter. Die Realität der Rassen mit dem Hinweis auf Zwischenformen zu bestreiten, ist insofern besonders ungerechtfertigt, als gerade das Vorhandensein von Zwischenformen zu den kennzeichnenden Merkmalen der Rasse gehört: wo keine Zwischenformen, da keine Rassen.[6)]

Um die ökologische Anpassung der Rassen nochmals klar vor Augen zu führen, möchte ich zwei afrikanische Stämme einander „gegenüberstellen". Der eine sind die Bambutiden (Pygmäen). Ihre Zwerg- bzw. Kleinwüchsigkeit dürfte einerseits eine Anpassung an das nährstoffarme Biotop des Regenwaldes sein, wo vor allem Proteinmangel herrscht, andererseits ermöglicht der gedrungene Körperbau im Dschungel ein rasches Vorwärtskommen.[5] Außerdem haben sie als Anpassung an das Leben im dichten Unterholz des afrikanischen Urwaldes große, weit geöffnete Augen, die das wenige Licht optimal nützen können.

Ihnen gegenüberstellen möchte ich die Niloten, eine Unterrasse der Negriden. Sie haben als Anpassung an das Leben am Rande der Wüste und in der Steppe sehr „schmale" Augen. Außerdem müssen sie auf relativ hindernislosem Boden mit ihren Rinderherden aufgrund des kargen Nahrungsangebotes oft weite Strecken zurücklegen. Sie sind daher außerordentlich groß, jedoch schlank und auffallend feingliedrig.

Mit diesen beiden Beispielen will ich auf die ökologische Anpassung hinweisen und zum tieferen Verständnis beitragen. In der Tier- und Pflanzenwelt gibt es eine Reihe vergleichbarer Beispiele der „Aufsplitterung" einer „Art" aufgrund ökologischer Bedingungen. Und jede „Unterart" erfüllt in ihrem Lebensraum ihre Aufgabe voll und ganz. Eine Wertung kann und darf hier nicht vorgenommen werden. Eine Übersiedlung in ein Gebiet mit anderen ökologischen Anforderungen gereicht diesen Unterarten meist zum Nachteil und ist heute in der Zoologie als „Faunenverfälschung" verpönt. Verschlimmert wird diese Angelegenheit meist noch dadurch, daß die neu zugewanderten oder ausgesetzten Arten keine ungenutzten Nischen finden und daher meist zu Nahrungs- und Revierkonkurrenten der einheimischen Arten werden.

Ein bedrückendes Beispiel für das eben Gesagte liefert uns die Pazifik-Insel Hawaii. Bis zu ihrer Wiederentdeckung durch James Cook im Jahre 1778 war sie ein Beweis dafür, daß aus ganz wenigen Arten, die diese Insel vor ca. 25 Millionen Jahren erreichten, eine paradiesische Artenvielfalt entstehen konnte. Der Grund dafür liegt u.a. in ihrem vulkanischen Ursprung. Lava ist in der Härte nicht einheitlich, sie kann leicht erodieren oder aber sehr dauerhaft sein. Die Macht des Regens, des Windes und der Wellen haben das Antlitz der Insel tief geprägt. Die von jäh abfallenden Tälern getrennten, scharfgratigen Kämme und Felsspitzen wurden in einigen Landstrichen zu regelrechten Inseln auf Inseln. Für gewisse Pflanzen- und Tierarten ist es schwierig oder gar unmöglich, von einem Kamm zum anderen zu gelangen. So konnten sich leichter neue Arten bilden.

Auf Hawaii entstanden so sehr viele „endemische", d.h. nur auf dieser Inselgruppe vorkommende Pflanzen- und Tierarten. Doch die Freude über ihre Entdeckung wurde getrübt durch die rasch einsetzende Dezimierung dieser beeindruckenden Vielfalt. Mit den „Entdeckern" kamen fremdartige Pflanzen, Tiere und Krankheiten, die ihr Zerstörungswerk begannen.

Das Einschleppen fremder Spezies hatte unter den Pflanzen und Tieren verheerende Auswirkungen. Das Weidenröschen zum Beispiel, das auf dem amerikanischen Festland eine bescheidene und brave Pflanze ist und oft zur Beeteinfassung in Blumengärten dient, wird im nahrhaften Klima Hawaiis wild und grausam. Es erreicht eine Höhe von 2,5 bis 3 Metern, entwickelt Dornen und wuchert wild in der Landschaft. In vielen Gegenden haben sich Weidenröschen, Guajavabaum und Brombeere so explosionsartig ausgebreitet, daß sie einheimische Pflanzen, die nicht mit ihnen konkurrieren konnten, einfach erdrückten. Auf der am stärksten erschlossenen Insel Oahu wurden etwa 85 Prozent der einheimischen Vegetation ausgelöscht und durch vom Menschen importierte Pflanzen ersetzt. Ähnlich großen Schaden richteten die unabsichtlich und absichtlich eingeschleppten Tiere an. Heute unterliegt die Einfuhr fremder Pflanzen und Tiere gesetzlichen Regelungen, deren Einhaltung streng kontrolliert wird; aber eigentlich kommen diese Gesetze bereits zu spät!

Die von späteren Kolonisatoren eingeschleppten Blattern, Masern und die Grippe breiteten sich epidemisch aus und reduzierten die an diese Krankheiten nicht „angepaßte" Urbevölkerung, die zur Zeit der Wiederentdeckung 300.000 betragen hatte, im Laufe eines Jahrhunderts auf 50.000. Heute gibt es nur noch 8.000 oder weniger reinrassige Inselbewohner, hauptsächlich wegen der verheerenden Auswirkungen von Krankheiten, aber zum Teil auch wegen der Vermischung mit vielen anderen Rassen, die auf die Insel gekommen sind.[7] Die heute auf Hawaii lebenden 965.000 Menschen sind zu einem Drittel Weiße, die polynesischen Ureinwohner machen nur mehr weniger als ein Prozent der Gesamtbevölkerung aus. Der Rest setzt sich aus einem erstaunlichen Völkergemisch, zum größten Teil aus Nachkommen von Einwanderern aus Japan, den Philippinen und China, zusammen. Hawaii hat den höchsten Prozentsatz von gemischtrassigen Ehen der USA.[8]

Ebenso sei hier noch die „Inbesitznahme Amerikas" durch den Rest der Welt angesprochen, die zur gänzlichen und teilweisen Ausrottung fast aller Indianerunterrassen geführt hat. (Doch das Schicksal und die biologischen Gesetze sind gerecht, und die Rache scheint sich nun auf Europa zuzubewegen.)

Das Problem der heutigen weltweiten Wanderbewegungen hat noch einige andere Facetten. Die „historischen Völkerwanderungen" waren Wanderungen ganzer Ethnien oder doch kleinerer einheitlicher Volksgruppen, die kollektiv ihr Siedlungsgebiet wechselten und dabei ihre Kultur beibehielten, oft strenger und konservativer, als dies in ihrer Heimat geschah. (Man denke an die Hutterer und ähnliche Gruppen.) Dieser Vorteil der geschlossenen Gruppe brachte und bringt wohl auch den heutigen „Volkstumssplittern" den Nachteil der Ghettobildung, also einer Abkapselung gegenüber der „Urbevölkerung" mit sich. In Europa aber bilden diese vielen eingesprengten unterschiedlichen Gruppen meist eine Art „Staat im Staate"; sie bringen aus ihrer Heimat all ihre Probleme, wie organisiertes Verbrechen, Familien- und Stammesfehden sowie Glaubenskämpfe, mit zu uns.

Dazu kommt, daß es heute keine „zu dünn besiedelten" Gebiete mehr gibt, auch wenn die Reproduktionsrate, die für die Selbsterhaltung der Mitteleuropäer notwendig wäre, unter der Mortalitätsrate liegt und viele die einzige Rettung in der Zuwanderung fortpflanzungsfreudigerer Völkergruppen sehen. Doch die Erde als Ganzes ist bereits derart überbevölkert, daß der Vergiftungsgrad aller wichtigen „Elemente", wie Wasser, Luft und Boden, unvorstellbare Ausmaße erreicht hat. Eine Umschichtung von Menschen ohne Rücksicht auf ökologische Fakten wird das Dilemma nur noch vergrößern.

Doch die Natur hat auch dafür ihre Regelmechanismen. Wenn die Ressourcen (das sind die Nahrungsgrundlagen) und die „Reviere" abnehmen bzw. zu klein werden, tritt trotz aller humanitärer Erziehung und Kultur das kämpferische Element, der „Überlebenskampf", in Aktion, und das heißt, wie schon an Hand einiger anderer Faktoren angesprochen, Krieg. Wenn, wie gerade im ehemaligen

Jugoslawien oder in der einstigen Sowjetunion, verschiedene Volkstumsgruppen aufeinanderprallen, kommt es zu nationalen Auseinandersetzungen, wobei zumeist zugewanderte oder mehr oder weniger gewaltsam umgesiedelte Splittergruppen die ersten Ziel- und Angriffspunkte sind und sein werden. Die einzige Prophylaxe ist, diese Konfliktsituationen erst gar nicht entstehen zu lassen, damit Greueltaten, wie sie überall auf der Welt (und auch im Dritten Reich) stattgefunden haben, gerade stattfinden und sicher noch oft stattfinden werden, verhindert werden können. Wenn aber nach Verwirklichung der multikulturellen Gesellschaft diese „Nationen" nicht mehr vorhanden sind, kommt es zum totalen Krieg jeder gegen jeden, und die Natur hat ihre ökologisch so wichtige Vielfalt für lange Zeit verloren. Die erdgeschichtlich wichtige und notwendige Bevölkerungsreduktion wird aber vollzogen sein.

Es besteht eine merkwürdige Ähnlichkeit zwischen der Entstehung von Arten und der von selbständigen Kulturen. Erik Erikson,[9] der meines Wissens als erster auf diese Parallelen hingewiesen hat, prägte für die divergente Entwicklung verschiedener Kulturen aus einer gemeinsamen Wurzel den Ausdruck „Pseudo-Speciation", also Quasi-Artenbildung. In der Tat verhalten sich Kulturen, die einen bestimmten Grad der Verschiedenheit voneinander erreicht haben, in vieler Hinsicht ähnlich zueinander, wie verschiedene, aber sehr nahe verwandte Tierarten es tun. Die nahe Verwandtschaft zu betonen, ist deshalb wichtig, da in keinem bekannten Fall zwei Kulturgruppen durch divergente Entwicklung ethologisch und ökologisch so verschieden voneinander geworden sind, daß sie in reibungsfreier Beziehungslosigkeit und, ohne einander Konkurrenz zu machen, friedlich nebeneinander im gleichen Gebiet wohnen könnten.

Angesichts der grundsätzlich vorhandenen Möglichkeit, Kulturen miteinander zu vermischen, muß man sich fragen, woher es eigentlich kommt, daß sie sich so lange unbeeinflußt erhalten können, wie sie es in der Weltgeschichte tatsächlich getan haben und zum Teil noch tun. Die Gebräuche, die Manieren der eigenen Gruppe werden als „fein" empfunden, die aller anderen, einschließlich der objektiv gleichwertigen Konkurrenzgruppe, als unfein, und zwar in genau nach Ähnlichkeiten abgestuften Graden. Der emotionale Wert, der in dieser Weise auf alle gruppeneigenen Ritualisierungen gelegt wird, und, parallel dazu, die gefühlsmäßige Abwertung aller nichtgruppeneigenen Verhaltensmerkmale, vergrößert nicht nur den inneren Zusammenhalt der Gruppe, sondern trägt auch zu ihrer Isolierung von anderen Gruppen und damit zur Unabhängigkeit ihrer weiteren kulturellen Entwicklung bei. Dies hat analoge Folgen wie die geographische Isolierung für den Artenwandel.

Die verhältnismäßig festen Barrieren, die von den eben besprochenen Vorgängen zwischen zwei divergent sich entwickelnden Kulturkeimen errichtet werden, sind für alle Kulturen kennzeichnend und für ihre Höherentwicklung offenbar unentbehrlich.[10] Wo diese Vielfalt einem einseitigen und übergroßen Selektionsdruck Platz macht – wie in dem vorne abgesprochenen Beispiel der intraspezifischen Konkurrenz durch Überbevölkerung, einhergehend mit Umwelt- und Klimakatastrophen –, dort weicht auch die Evolution aus der Richtung ab, in der sie Neues und Höheres schafft. Einem solchen Selektionsdruck, der in vieler Hinsicht dem des intraspezifischen Wettbewerbes bei Tieren gleicht, ist die Menschheit zur gegenwärtigen Zeit ausgesetzt. Die Grenzen zwischen Kulturen werden unscharf und verschwinden, die ethnischen Gruppen der ganzen Welt sind im Begriffe, zu einer einzigen, die ganze Menschheit umfassenden Kultur zu verschmelzen. Dieser Vorgang mag auf den ersten Blick wünschenswert erscheinen, da er dazu beiträgt, den gegenseitigen Haß der Nationen zu vermindern. Daneben aber hat die Gleichmachung aller Völker noch eine andere, vernichtende Wirkung: Dadurch, daß alle Menschen aller Kulturen mit denselben Waffen kämpfen, mittels derselben Technik miteinander konkurrieren und einander auf derselben Weltbörse zu übervorteilen trachten, verliert die interkulturelle Selektion ihre schöpferische Wirkung.

Die ursprüngliche Neigung der menschlichen Kulturen zur Aufspaltung und divergenten Entwicklung hat neben der schon besprochenen segensreichen Auswirkung auch gefährliche Folgen. Auf der Minusseite der Rechnung stehen Haß und Krieg. Diese Mechanismen, die kleinste Kulturgruppen zusammenhalten und von anderen isolieren, führen letzten Endes zu blutiger Entzweiung. Dieselben Mechanismen des kulturellen Verhaltens, die zunächst so produktiv erscheinen, der Stolz auf die eigenen und die Verachtung jeder anderen Tradition können mit dem Größerwerden der Gruppen und mit der Verschärfung ihres Aufeinandertreffens den Anlaß geben zum kollektiven Haß in seiner gefährlichsten Form. Von der in kleinen Prügeleien sich äußernden Feindschaft bis zum erbitterten Nationalhaß, der alle Gewalten kollektiver Aggression entfesselt und alle Tötungshemmungen zum Schweigen bringt, gibt es mannigfache Übergänge.

Der Mensch, von Natur aus ein Kulturwesen, kann ohne das Stützskelett, das ihm seine Zugehörigkeit zu einer Kultur und seine Teilhaberschaft an ihren Gütern verleiht, schlechterdings nicht existieren. Aus dem Nachahmen des Kindes wird ein Nachleben, das sich an einem Vorbild orientiert; man fühlt sich mit diesem Vorbild identisch und als Träger – wie auch als Besitzer – seiner Kultur. Ohne diese Identifizierung mit einem Traditionsspender besitzt der Mensch offenbar kein richtiges Identitätsbewußtsein. Jeder Bauer „weiß, wer er ist" und ist stolz darauf. Das verzweifelte Suchen nach einer Identität, das heute sogar zum Gegenstand der Tagespresse geworden ist, die „identy problems" der heutigen Jugend sind Symptome einer Störung in der Überlieferung kultureller Traditionen. Den von diesem Mangel Betroffenen kann man nur sehr schwer helfen. Wenn ein junger Mensch das geistige Erbe der Kultur, in der er aufwuchs, verloren und keinen Ersatz in der Geistigkeit einer anderen gefunden hat, ist es ihm verwehrt, sich mit irgend etwas und mit irgend jemandem zu identifizieren; er ist tatsächlich ein Nichts und ein Niemand, wie man heute in der verzweifelten Leere vieler jugendlicher Gesichter deutlich lesen kann. Kein Mensch kann seelisch gesund bleiben, ohne sich mit anderen Menschen zu identifizieren. Wer das Erbe der Kultur verloren hat, ist wahrhaft ein Enterbter. Kein Wunder, wenn er einen letzten verzweifelten Halt im Seelenpanzer eines verstockten Autismus sucht, der ihn zum Feind der Gesellschaft macht.[10]

Die große Masse der Einwanderer, die uns überrollt, und die größere, die noch kommen wird, verhindern allerdings eine vertretbare und gezielte Assimilation, die den Zuwanderern eine „neue Identität" in einer „neuen Heimat" ermöglichen könnte. So entsteht dann eine rassenverachtende, weil rassenvernichtende „Multi-kulturelle Gesellschaft", der „sanfte" Genozid geht um. In weiterer Folge kommt es zum bekannten „melting pot", dessen Probleme wohl nie (oder nur in erdgeschichtlichen Zeiträumen) befriedigend gelöst werden können, da hier alle Bezugspunkte zu Geschichte, Tradition, Kultur, Religion und den Ahnen total abhanden gekommen sind. (Die „Roots-Bewegung" in den USA kommt nicht von ungefähr, doch die konfliktlösende Wirkung läßt auf sich warten.)

Alle angeführten Faktoren weisen uns den Weg, eine Vielfalt von Kulturen und Völkern in ihren angestammten Gebieten, in ihrer ökologischen Heimat zu erhalten. Die Angst des Menschen fördert familiale und Gruppenabgrenzungen und damit die Entwicklung ethnischer Differenzierungen.[11] Doch die Angst führt ferner zur Verdrängung, einer Denkhemmung, die Sigmund Freud beschrieb. Angst in diesem Sinne ist ein „Widersacher der Vernunft" (Bernd Hassenstein).[12] „Aus Angst kann ein Mensch nicht wahrhaben wollen, was ihm sein Nachdenken eigentlich klar vor Augen führen müßte." Empfinden Menschen die Konsequenz eines Gedankens als unerträglich, dann unterliegen sie einer Gedankenblockade. „Das Denken produziert daraufhin – gerade bei intelligenten Menschen – ganze Gerüste scheinlogischer Produkte, um den tatsächlichen Konsequenzen nicht ins Auge sehen zu müssen." So haben die Deutschen die katastrophale Lage der letzten beiden Kriegsjahre nicht wahrhaben wollen und damit erst recht die Katastrophe verstärkt.[13]

Wir müssen versuchen, diese Angst vor den anstehenden Problemen auch wider den Zeitgeist zu besiegen, der Natur entsprechende, ökoethologische Lösungen zu finden und damit die multikulturelle Gesellschaft und größeres Unheil in noch größerem Ausmaß zu vermeiden.

Verwendete und weiterführende Literatur

(6) Baker, J.R.: Die Rassen der Menschheit/Race. Oxford University Press 1974. (S. 52–65, 78–93, 198–203, 217 und 218).
(5) Beer, G. de: Bildatlas der Evolution. BLV 1966 (S. 190, 191).
Darwin, C.: Die Abstammung des Menschen (1871). Neudr.: Fourier 1986.
(11) Eibl-Eibesfeldt, I.: Krieg und Frieden aus der Sicht der Verhaltensforschung. München 1975.
–: H. Haas et al.: Stadt und Lebensqualität. Deutsche Verlagsanstalt 1983.
–: Die Biologie des menschlichen Verhaltens. Piper 1986.
–: Grundriß der Vergleichenden Verhaltensforschung. Piper 1987.
–: Der Mensch – das riskierte Wesen. Piper 1988.
–: Liebe und Haß. Zur Naturgeschichte elementarer Verhaltensweisen. Piper 1991.
(13) –, u. Sütterlin, Ch.: Im Banne der Angst. Piper 1992 (S. 450, 455).
(2) –, Ehrlich, P., Ehrlich, A., Holdren, J.: Humanökologie. Springer 1975. (S. 234).

Eichstedt, E.v.: Rassenkunde und Rassengeschichte der Menschheit. Stuttgart 1934.
(9) Erikson, E.H.: Ontogeny of Ritualisation in Men. Philosoph. Transact. Royal Soc. London 251B, 1966 (S. 337–349).
Eysenck, H.J.: Race, Intelligence and Education, London 1971.
(4) Grzimek, B.: Tierleben, 11. Band. Kindler 1968.
Haeckel, E.: Anthropogenie oder Entwicklungsgeschichte des Menschen. Leipzig 1874.
(12) Hassenstein, B.: Zur Natur des Menschen: Innere Widersacher gegen Vernunft und Humanität? Teil I und II, in: Wissenschaft und Fortschritt 41, 1991 (S. 147–152, 193–197).
Holst, E.v. und Saint Paul, U.v.: Vom Wirkungsgefüge der Triebe. Die Naturwiss. 18, 1960.
Holst, E.v.: Zur Verhaltenspsychologie bei Tieren und Menschen. Bd. I u. II, Piper 1969/70.
Koenig, O.: Kultur und Verhaltensforschung. Einführung in die Kulturethologie. DTV 1970.
–: Tiroler Tracht und Wehr, Jugend & Volk 1989.
–: Naturschutz an der Wende, Jugend & Volk 1990.
(1) Bewußtsein und Verhalten, in: Willms, B. (Hrsg.), Handbuch zur Deutschen Nation. Hohenrain 1989.
Kohl, E.: Revier-Heimat-Nationale Identität, ökologische Notwendigkeiten und gesellschaftliche Realitäten, in: Höbelt, L., Mölzer, A., Sob, B.: Freiheit und Verantwortung, FBW 1992.
(8) Länder der Erde: Die Vereinigten Staaten, Time-Life 1984.
Larwich-Goodell, H.u.G.van: Unschuldige Mörder. Rowohlt 1972.
Lorenz, K.: Das sogenannte Böse. Borotha-Schweler 1963.
(10) Die Rückseite des Spiegels. Piper 1973 (S. 255–258 u. 270–272).
Die acht Todsünden der zivilisierten Menschheit. Piper (Serie Piper 50) 1973.
Markl, H.: Evolution, Genetik und menschliches Verhalten. Piper 1986.
Schwidetzky, I. (Hrsg.): Die neue Rassenkunde, Stuttgart 1962.
Spengler, O.: Der Untergang des Abendlandes, München 1918/20, Neudr.: Beck 1967/69
(3) Tischler, W.: Einführung in die Ökologie. Fischer 1984 (S. 124–128, S. 169–173).
Vogel, Ch.: Vom Töten zum Mord. Das wirklich Böse in der Evolutionsgeschichte. Hanser 1989.
(7) Wallace, R.: Die Wildnisse der Welt: Hawaii, Time-Life 1975 (S. 26–33).
(5) Winkler, H.M.: Rassengeschichte und Rassenkunde der Menschheit, (Hrsg.: Kirchengast, S.). WUV-Universitätsverlag der ÖH Wien, 1991/92.
Wickler, W.: Sind wir Sünder? Naturgesetz der Ehe. Droemer 1969.

Robert Hepp

EINWANDERUNGSPOLITIK ZUR SICHERUNG UNSERES LEBENSSTANDARDS?

Die politisch-ideologische Option, die mit den Schlagworten „multikulturelle Gesellschaft" und „Ethnopluralismus" angedeutet wird – ich würde es vorziehen, das konfuse Leitbild der „multikulturellen Gesellschaft" mit dem real existierenden „demokratischen Nationalstaat" zu konfrontieren,[1] da ich den „Ethnopluralismus" für eine Spielart der „multikulturellen Gesellschaft" halte –, ist in ihrer ganzen Brisanz nur vor dem Hintergrund der aktuellen Weltbevölkerungsentwicklung zu verstehen, die auf den Laien einen ziemlich verwirrenden Eindruck machen muß.

Einerseits gibt es bekanntlich weltweit ein beträchtliches durchschnittliches Bevölkerungswachstum von immerhin etwa 2% im Jahr, was rein rechnerisch einer Verdoppelungszeit von etwa 35 Jahren entspricht. Die Weltbank, die davon ausgeht, daß das Wachstum bis zum Jahr 2000 auf 1,6% absinkt, rechnet immerhin noch damit, daß die Weltbevölkerung von heute etwa 5,2 Milliarden bis zum Jahr 2025 auf 8,5 Milliarden ansteigen wird.[2] Mit Bezug auf bestimmte Regionen Afrikas und Asiens kann man ohne Übertreibung nach wie vor von einer Bevölkerungsexplosion sprechen. Andererseits ist im europäischen Raum seit Jahrzehnten eine Bevölkerungsstagnation zu beobachten, die in einzelnen Staaten, wie in Deutschland, bereits in einen chronischen Bevölkerungsrückgang übergegangen ist. In den kommenden Jahrzehnten wird es in Europa kaum noch ein Land geben, dessen Bevölkerung wächst.[3]

Zu den Ursachen und Folgen der „Bevölkerungsexplosion" in den Ländern der „dritten Welt" brauche ich nichts zu sagen. Sie sind allgemein bekannt. Es gibt auch, wenigstens in den „entwickelten Ländern", einen allgemeinen Konsens, daß gegen das Bevölkerungswachstum der „dritten Welt" dringend etwas getan werden muß, wenn nicht die ganze Welt in ein Chaos versinken soll. Zahlreiche internationale Organisationen sind bemüht, mit diesem Problem fertig zu werden. Bevölkerungspolitische Maßnahmen zur Eindämmung der Bevölkerungsexplosion gelten als völlig legitim, selbst wenn sie sich so „unmenschlich" ausnehmen wie die Massensterilisierung in Indien oder das staatlich verordnete Ein-Kind-System der Volksrepublik China.

Von der europäischen Bevölkerungsimplosion ist hierzulande weniger die Rede. Sie wird von der Öffentlichkeit, und zwar gerade auch von der sogenannten kritischen, systematisch ignoriert und selbst von meinen Fachkollegen mit Bedacht bagatellisiert. Man kann es zum Beispiel nur als eine fatale Verharmlosung des Vorgangs bezeichnen, der sich derzeit in Europa abspielt, wenn die meisten meiner Kollegen zu seiner Charakterisierung noch immer das Schlagwort vom „demographischen Übergang" benützen. Die sogenannte Theorie des demographischen Übergangs besagt, daß die Geburten- und Sterbeziffern unter bestimmten Bedingungen der „Modernisierung" von Gesellschaften von einem hohen auf ein niedriges Niveau heruntergehen und einander schließlich derart angleichen, daß sich das Wachstum nahe Null stabilisiert. Ein derartiger Prozeß scheint sich tatsächlich in Europa gegen Ende des vergangenen Jahrhunderts angebahnt zu haben, als der „säkulare Geburtenrückgang" einsetzte.

Was wir seit zwanzig Jahren etwa in Deutschland erleben – und der Fall Deutschland scheint nach den vorliegenden Daten des letzten Jahrzehnts für ganz Europa paradigmatisch zu sein –, ist zwar in gewisser Weise nur die Fortsetzung dieses Prozesses, der aber nun eine ganz neue Qualität erreicht hat, da die Fruchtbarkeit so weit unter das Reproduktionsniveau abgesunken ist, daß die Zahl der Sterbefälle ständig die der Geburten übersteigt. Und das ist durchaus ein Novum. In der Ära des „demographischen Übergangs" hatte die Fruchtbarkeit in Europa zwar auch schon ziemlich kontinuierlich abgenommen, aber die Bevölkerung war trotzdem ständig gewachsen, weil im Gegenzug die Lebenserwartung anstieg. Aufgrund der höheren Lebenserwartung und der Verschiebungen des Altersaufbaus infolge des Geburtenrückgangs wurden die Bevölkerungen zwar ständig „älter", aber sie nahmen – von ganz wenigen Ausnahmen abgesehen – nicht nur nicht ab, sondern in der Regel sogar beträchtlich zu. Das ist jetzt anders geworden. Die deutschen Frauen haben in den vergangenen zwanzig Jahren mit durchschnittlich etwa 1,3 Geburten pro Frau (TFR) statt der zur Reproduktion erforderlichen 2,1 Geburten ein Reproduktionsdefizit von etwa 30 – 40 % gehabt.[4] Wir hatten daher trotz der nach wie vor steigenden Lebenserwartung und trotz eines Geburtenanteils der Ausländer von bis zu

20% seit 1972 Jahr für Jahr ein erkleckliches Geburtendefizit zu verzeichnen. Wenn man die Wanderungen abstrahiert, hat die deutsche Bevölkerung der alten Bundesrepublik z.B. allein in den fünfzehn Jahren von 1971 bis 1985 um über 2,5 Millionen abgenommen.[5)] Falls sich die Fruchtbarkeit nicht verändert – und sie hat sich in Deutschland in all den Jahren seither nicht nennenswert geändert –, befindet sich ein Volk mit einer solchen Bevölkerungsbilanz unweigerlich auf dem „Todestrip". Man kann dann ziemlich genau ausrechnen, wann es vom Erdboden verschwinden wird.

Mit einer über Jahrzehnte andauernden Fruchtbarkeit unter dem Reproduktionsniveau hat sich der Prozeß des „demographischen Übergangs" – wie es scheint, definitiv – zum demographischen Untergang gewandelt. Europa ist in des Wortes vielfältiger Bedeutung ein Lebensabendland geworden. Ich halte deshalb das Gerede vom demographischen Übergang für eine unseriöse Beschönigung unserer demographischen Situation und bin der Ansicht, daß wenigstens die Wissenschaft getrost vom Untergang sprechen sollte, der nicht bloß ein imaginäres Schreckbild der Zukunft ist, sondern bittere Realität. Demographisch hat der Untergang des Abendlandes längst begonnen.[6)] Wenn man alles so weiterlaufen läßt, wie es jetzt läuft, ist das, was wir derzeit erleben, tatsächlich der Anfang vom Ende.

Das also ist mein erster und wichtigster Befund: einerseits eine gefährliche Bevölkerungsexplosion, andererseits eine gefährliche Bevölkerungsimplosion. Was die Ursachen und die Folgen betrifft, handelt es sich offenbar um zwei recht unterschiedliche Gefahren, von denen wir auch in unterschiedlicher Weise betroffen sind. Im einen Fall geht es primär um das Schicksal der „unterentwickelten" Länder der „dritten Welt", das uns nur indirekt tangiert, im anderen Fall geht es direkt um uns, um den Fortbestand der europäischen Völker und ihrer Kulturen. Aber kurioserweise beschäftigen sich unsere Politiker und Intellektuellen weit mehr mit den Problemen im fernen Afrika als mit denen vor ihrer Haustür. Da sie das Bevölkerungswachstum im allgemeinen negativ und den Bevölkerungsrückgang positiv bewerten, sehen sie nur die Gefahren, die von der Bevölkerungsexplosion ausgehen. Und da sie um ideologische Schlüssigkeit ihrer Weltsicht bemüht sind – viele meinen, man könne nicht für Bevölkerungsschrumpfung in der dritten Welt eintreten und zu Hause das Gegenteil predigen –, erscheint ihnen der

Bevölkerungsrückgang in Europa sogar als die große Chance, die fatalen Folgen der Bevölkerungsexplosion in der „drittenWelt" wenigstens teilweise kompensieren zu können.

In der Tat lassen sich beide Probleme nicht fein säuberlich voneinander scheiden und isoliert betrachten. Aus der Welt-Perspektive besteht zwischen beiden tatsächlich ein enger Zusammenhang. Es leuchtet ein, daß sich nicht nur die Bevölkerungsverteilung zwischen den großen Regionen der Welt infolge der gegenläufigen demographischen Entwicklung im nächsten Jahrhundert völlig verändern wird, sondern daß sich auch die Machtgewichte zwischen den Staaten und Staatenblöcken beträchtlich verschieben dürften. Auch ist kaum damit zu rechnen, daß sich die konträren Bevölkerungsprozesse regional eingrenzen und gegeneinander abschotten lassen. Schon jetzt ist in den demographischen Wachstumsländern der „dritten Welt" ein gewisser Bevölkerungsdruck entstanden, der die Tendenz hat, sich nach außen zu entladen, während das Vakuum, das in den Schrumpfungsländern des Westens, insbesondere in Europa, entsteht, offenbar für die Überschußbevölkerung der restlichen Welt ungemein attraktiv ist. Falls es bei dieser ungleichen Entwicklung bleibt, muß man kein Prophet sein, um für die Zukunft gewaltige Bevölkerungsverschiebungen vorherzusagen.

Wenn sich die Wanderungstheoretiker auch noch darüber streiten, welche Faktoren für die weltgeschichtlichen „Kriegs- und Wanderzüge"[7] im einzelnen ausschlaggebend sind, kann man doch ganz allgemein davon ausgehen, daß aufgrund der unterschiedlichen Bevölkerungsdynamik in den „übervölkerten" unterentwickelten Ländern ein gewaltiger Wanderungsdruck herrschen wird, während von den entwickelten Regionen ein unwiderstehlicher Wanderungssog ausgehen wird.[8] Wenn sich die Bevölkerung Afrikas bis zum Jahr 2100 vielleicht verfünffacht, die von Südamerika verdreifacht und jene von Asien verdoppelt haben wird, während die Westeuropäer nur noch etwa 1/30 der Weltbevölkerung ausmachen, die dann zu über 80 % in „ärmeren Ländern" lebt,[9] wäre es gewiß eine Illusion, zu glauben, die jungen „armen" Völker würden auf die Dauer geduldig mitansehen, wie die „reichen" Rentner in ihrem Lebensabendland blinzelnd in der Abendsonne sitzen und ihre Ersparnisse verzehren. Man muß gerade in einem Himmelsstrich, in dem täglich ein neues Seniorenheim eingeweiht und eine neue Seniorenpartei gegründet wird, unmißverständlich feststellen, daß die Zukunft nicht dem Alter, sondern der Jugend gehört. Ob es uns gefällt oder nicht, der Kampf um Ressourcen, um „Lebensraum", ist das große Thema der Weltgeschichte, und – Sozialdarwinismus hin, Sozialdarwinismus her – es scheint ein unerbittliches „Gesetz" der Geschichte zu sein, daß die wachsenden, vorwärtsdrängenden Völker im Kampf um die knappen Ressourcen die lebensmüden, vergreisten letztlich immer verdrängen. Ob das auf „friedliche" Weise, durch allmähliche Unterwanderung, oder gewaltsam geschieht, ist – vom Ergebnis her – weniger wichtig.

Aus einer nationalen oder „eurozentrischen" Perspektive hat die gegenläufige Bevölkerungsentwicklung in Europa und in der übrigen Welt also einen makabren Beigeschmack. To be or not to be, ist da die Frage. Für die europäischen Völker geht es dabei wirklich, wie im Krieg, ums pure Überleben, um die Verteidigung der eigenen Existenz. Wenn man das makabre Nullsummenspiel dagegen aus der Weltperspektive betrachtet, wie es anscheinend die meisten europäischen Politiker und Intellektuellen tun, kann man ihm allerdings eine geradezu positive Note abgewinnen. Ist es angesichts der ungestümen Bevölkerungsdynamik in der „dritten Welt" nicht ein Glück, daß unsere Bevölkerungen schrumpfen? Machen wir, indem wir mit gutem Beispiel vorangehen, nicht den Platz frei, den die anderen so dringend brauchen? Ist unser postmodernes demographisches Regime nicht der beste Beitrag zur Weltentwicklungspolitik? Opfern wir uns nicht für eine gute Sache? Gehen wir nicht nobel zugrunde?

Die Bewertung der gegenläufigen Bevölkerungsentwicklung und der daraus resultierenden Wanderungen hängt also von dem Standpunkt ab, von dem aus man sie betrachtet. Während die einen – ich will sie die Kosmopolitiker nennen – nur das Heil der Welt im Blick haben, geht es den anderen – man könnte sie als „Ethnozentriker" bezeichnen – um die Existenz ihres konkreten Volkes. Beurteilen die Kosmopolitiker die Bevölkerungsentwicklung, unabhängig vom Ort des Geschehens, nach universellen – moralischen oder ökonomischen – Maßstäben, bewerten die Ethnozentriker sie „politisch" (im emphatischen Sinn des Begriffes des Politischen) nach einem „dualen Code".[10] Nach Ansicht der einen ist für uns gut, was für die dritte Welt gut ist (nicht umgekehrt!), nach Meinung der anderen kann uns schaden, was der dritten Welt nützt (und umgekehrt!). Man kann m. E. den Streit um die „Ausländerpolitik" und die „multikulturelle Gesellschaft" nur richtig verstehen, wenn man sich klar macht, daß in dieser Auseinandersetzung zwei Weltanschauungsparteien einander gegenüberstehen, die ein konträres „Politikverständnis" haben und von völlig verschiedenen „ethischen" Prämissen ausgehen. Da ich die kosmopolitische Position für weltfremd und utopisch halte, geht es für mich in der Auseinandersetzung um die „Ausländerpolitik" um die große, wirklich „existentielle" Frage, ob die europäischen Völker ihre glorreiche Laufbahn noch fortsetzen oder endgültig im Orkus der Geschichte verschwinden werden.

Nach meiner Überzeugung ist dies primär eine Frage des Willens. Wenn ein alterndes und sterbendes Volk seinem vorgezeichneten Schicksal entgehen will, gibt es im Prinzip ein probates Mittel: es muß nur dafür sorgen, daß es sich wieder ausreichend reproduziert. Dieses Ziel ist allerdings, wie etwa die Geschichte des Römischen Reiches zeigt, auch dann nicht leicht zu erreichen, wenn es die verantwortlichen Staatsmänner ernsthaft ins Auge fassen und bewußt eine „pronatalistische" (geburtenfördernde) Politik betreiben. Das Fatale unserer Situation besteht jedoch darin, daß unsere Politiker dieses Ziel nicht einmal anzuvisieren wagen. In Deutschland hat das einen besonderen Hintergrund. Weil sich der Nationalsozialismus mit einer pronatalistischen Bevölkerungspolitik hervorgetan hat, mit nationalen, auch mit expansionistischen Ambitionen, war diese Politik in der Nachkriegszeit kompromittiert. Die Regierungen und die Regierungsberater der Bundesrepublik wagten nicht einmal mehr, das Wort „Bevölkerungspolitik" in den Mund zu nehmen, da es als Begriff aus dem „Wörterbuch des Unmenschen" galt. Als sich in den siebziger Jahren die erwähnte Wende in der Bevölkerungsentwicklung abzeichnete, haben sie die verantwortlichen Politiker zunächst gar nicht zur Kenntnis genommen und mehr oder weniger verdrängt. Es stellte sich ziemlich schnell heraus, daß die politische Klasse nicht in der Lage war, auf die Situation politisch adäquat zu reagieren. Es war freilich nicht das historische Tabu allein, das in Deutschland eine pronatalistische Politik verhindert hat. Dazu kamen vielfältige andere Gründe, die auch in den europäischen Staaten, die nicht an der ewigen Bewältigung ihrer Vergangenheit laborieren, zu einem vergleichbaren Ergebnis geführt haben. Dabei möchte ich einen Komplex besonders betonen, den ich das „liberale Syndrom" genannt habe. Da eine pronatalistische Politik das generative Verhalten verändern muß, kommt sie nicht darum herum, zumindest indirekt in die „Privatsphäre" der Bürger zu intervenieren. Das ist aber nach der liberalen Ideologie just der Bezirk, in dem der Staat nicht nur nichts verloren hat, sondern dessen „Freiheit" er schützen soll. Aus dem liberalen Credo ergeben sich in concreto Postulate wie „Mein Bauch gehört mir!" oder der selbstverständliche Anspruch jedes Bürgers, die Anzahl seiner Kinder selbst zu bestimmen. Eingriffe des Staates in die „Intimsphäre", zu der nach allgemeiner Ansicht das „generative Verhalten" gehört, sind daher nicht nur unerwünscht, sondern nach dem Selbstverständnis einer liberalen Demokratie prinzipiell nicht gestattet. Da bei überzeugungstreuen Liberalen der „eigene Nutzen" grundsätzlich vor dem „Gemeinwohl" rangiert, kommt so etwas wie das „generative Gemeinwohl"[11] als politische Zielvorgabe überhaupt nicht in Betracht. Im Konfliktfall zwischen dem „generativen Gemeinwohl" und der „individuellen Selbstverwirklichung" kann sich der liberale Staat nur für den Vorrang der „persönlichen Freiheit" entscheiden. Seine Ideologie erlaubt allenfalls die indirekte Beeinflussung des generativen Verhaltens durch eine „Familienpolitik", die soziale Hemmnisse beseitigt, welche der Erfüllung des individuellen Kinderwunsches etwa im Wege stehen könnten. Ansonsten aber überläßt der liberale Staat die Entwicklung der Bevölkerung dem „freien Spiel der Kräfte".

In der Ära des „demographischen Übergangs" war diese Einstellung unproblematisch, da die „Gesellschaft" spontan für ausreichenden Nachwuchs sorgte. Mittlerweile hat sich das grundlegend geändert. Aus vielfältigen Gründen, unter denen übrigens die Fundamentalliberalisierung der Gesellschaft – der systematische Abbau jener Institutionen, die das „prämoderne" generative Verhalten formiert haben – eine prominente Rolle spielte,[12] war nun die „Gesellschaft" ohne staatliche Intervention nicht mehr bereit oder fähig, dem Staat den benötigten Nachwuchs zu stellen. In Deutschland begriffen die Politiker bereits gegen Ende der siebziger Jahre, daß eine weitere Untätigkeit für das gesamte Sozial- und Wirtschaftssystem verhängnisvolle Folgen haben würde. Die Experten hatten ihnen klar gemacht, daß eine Volkswirtschaft mit einem Binnenmarkt von 60 Millionen nicht ohne gewaltige Zusammenbrüche innerhalb weniger Generationen auf die Hälfte ihres „Volumens" heruntergefahren werden könne, daß bestehende Infrastrukturen unbezahlbar würden, wären sie nicht mehr entsprechend ausgelastet, und daß ein

Sozialsystem von der Art der Bundesrepublik neben genügend Produzenten und Konsumenten nicht zuletzt auch genügend „Betreuungsobjekte" brauche. Wie in einer „alternden" Gesellschaft, in der die soziale Sicherheit im Zentrum steht, nicht anders zu erwarten, konzentrierte sich ihre Aufmerksamkeit auf das Problem der Sicherheit der Renten. Nach den Bevölkerungsvorausberechnungen des Statistischen Bundesamtes war der Zeitpunkt abzusehen, wo nicht mehr vierzig, sondern mehr als siebzig Alte über sechzig Jahren auf hundert Personen im erwerbsfähigen Alter kommen[13] und somit auf 100 Pflichtversicherte 120 bis 130 Rentenfälle entfallen werden. Als das Problem der künftigen Altenlast ruchbar wurde,[14] begannen sogar die Sozialpolitiker, sich für die Bevölkerungsentwicklung zu interessieren. Es ist allerdings bezeichnend, daß sie sich dabei überhaupt nicht mit dem „Grundleiden" beschäftigten, sondern zunächst nur darüber diskutierten, wie man alle Seiten – Rentner, Beitragszahler und den Rest der Bevölkerung – gleichmäßig an der erwarteten Belastung beteiligen könne. In den Expertenstäben der Regierung wurden „bevölkerungsdynamische Rentenformeln" entwickelt, raffinierte Modelle, die das Problem durch Absenkung des Rentenniveaus, Anhebung der Beiträge und Erhöhung des Staatszuschusses zu lösen versprachen. Als flankierende Maßnahmen wurden außerdem die Anhebung des Renteneintrittsalters, die Erhöhung der Erwerbsquote der Frauen und die Verkürzung der Ausbildungszeiten ins Auge gefaßt. Allenfalls noch verbleibende Defizite sollten durch private Versicherungen nach dem Kapitaldeckungsverfahren abgefangen werden.[15] Kurzum, man beschränkte sich darauf, Symptome zu kurieren und das System der sozialen Sicherung mit allerei Tricks auf absehbare Zeit zu „konsolidieren".

Schließlich konnten sich auch die Technokraten der Sozialpolitik nicht der Einsicht verschließen, daß ihre Formeln selbst unter der Voraussetzung einer ständig steigenden Produktivität mit großen Unsicherheiten belastet waren. Nach und nach setzte sich daher allgemein die Überzeugung durch, daß die Rentenversicherung à la longue nur zu retten sei, wenn man mit dem Hauptproblem, der Veränderung der Altersstruktur, fertig würde. Man mußte irgendwie dafür sorgen, daß ein gewisses Gleichgewicht von Beitragszahlern und Rentnern erhalten blieb. Und dieses Ziel war nur zu erreichen, wenn man etwas gegen die strukturelle Überalterung unternahm.

Theoretisch gibt es da zwei Möglichkeiten: entweder sorgt man selber für mehr Nachwuchs, oder man importiert ihn. Da eine pronatalistische Bevölkerungspolitik für die Liberalen aus ideologischen Gründen nicht in Betracht kam, stand nur die Alternative des Bevölkerungsimports ernsthaft zur Debatte.

So kam es zur Konzeption der sogenannten „Wanderungspolitik" als Alternative zu einer pronatalistischen Bevölkerungspolitik. Man kann in der Literatur deutlich verfolgen, wie in Deutschland etwa in der Mitte der siebziger Jahre zunächst von Demographen und Regierungsberatern der Vorschlag lanciert wurde, zum Ausgleich des Bevölkerungsdefizits zu einer gezielten „Wanderungspolitik" überzugehen und die „Gastarbeiter", die damals noch überwiegend aus europäischen Nachbarländern kamen, auf Dauer zu „integrieren". Der Unterschied zwischen einer Bevölkerungszunahme kraft Eigenleistung und der Einfuhr der benötigten Kontingente war für die Demographen im Prinzip kein Problem, da sie das Volk rein quantitativ als statistische Größe, eben als Bevölkerung betrachteten. Aus der statistischen Perspektive ist es gleichgültig, ob man ein Bevölkerungsdefizit mit eigenen oder fremden Massen auffüllt.

Auch aus der rein gesellschaftspolitischen und ökonomischen Sicht schien die Wanderungspolitik im Vergleich zu einer pronatalistischen Bevölkerungspolitik manche Vorteile zu bieten. Es schien in vieler Hinsicht bequemer zu sein, fügsame fremdländische Einwanderermassen zu bewegen, als mit einem aufgeklärten und anspruchsvollen Publikum die peinlichen Fragen des Geburtenrückgangs zu erörtern oder sich gar als „Gebärprediger" unbeliebt zu machen. Mit der Wanderungspolitik konnte man nicht nur unpopuläre „Übergriffe in die Privatsphäre" der Bürger vermeiden, sondern anscheinend auch noch Aufzucht- und Ausbildungskosten sparen. Außerdem glaubte man, Einwanderungsströme besser kontrollieren und dosieren zu können als das „generative Verhalten", das nach Ansicht der Spezialisten ohnehin kaum zu steuern war. Auch schien es mit einer staatlich kontrollierten und wohldosierten Wanderungspolitik leichter zu sein, die Bevölkerungsentwicklung auf die jeweilige Wirtschaftslage abzustimmen. Man glaubte, einen Teil der „Gastarbeiter" weiterhin als „Konjunkturpuffer" benützen zu können. Die Wanderungspolitik bot sich daher in jeder Hinsicht als die billigere Alternative zu einer pronatalistischen Bevölkerungspolitik an. Die Beschaffung der benötigten Ersatzbevölkerung schien angesichts der weltweit explodierenden Bevölkerung kein großes Problem zu sein. Kurzum, der bewußte Verzicht auf eine pronatalistische Bevölkerungspolitik, der übrigens auch mit dem Argument begründet wurde, daß die gängigen geburtenfördernden Maßnahmen – obwohl in der DDR oder in Frankreich mit einem gewissen Erfolg eingesetzt – in unserer Wohlstandsgesellschaft ohnehin nicht „greifen" würden, führte zu dem allgemeinen Konsens, die sozialen Probleme des Bevölkerungsrückgangs durch eine staatlich kontrollierte, dosierte Einwanderung zu lösen. Um wenigstens einen Teil der Einwanderer, vor allem die der „zweiten Generation", dauerhaft an das Land zu binden, wurde der „Anwerbestopp", der zunächst aus rein konjunkturellen Gründen erlassen worden war, beibehalten und der „Familiennachzug" bewußt gefördert. Außerdem wurde stillschweigend der „Aufenthaltsstatus" der Ausländer immer mehr „verfestigt". Der Schwerpunkt der Ausländerpolitik verlagerte sich von der zeitlich befristeten Beschäftigung von Gastarbeitern auf ihre dauerhafte Eingliederung in die deutsche Gesellschaft, ihre „Integration".[16]

Soviel zu den Ursprüngen der Wanderungspolitik. Ich habe so weit ausgeholt, um daran zu erinnern, daß diese Politik, die nachträglich mit einem ideologischen Überbau versehen wurde, der nichts mit dem Bevölkerungsproblem zu tun hat, ursprünglich durchaus „in der Sache begründet" war. Auch wenn man die Wanderungspolitik ablehnt und für ein untaugliches Mittel zur Bewältigung unserer Bevölkerungsprobleme hält, muß man sich darüber im klaren sein, daß sie einen Kern hat, der unter den gegebenen Umständen nicht schlechterdings unvernünftig genannt werden kann. Daß dieser Kern nach und nach von ganz anderen – vor allem „humanitären" – Motiven überlagert wurde und in der Öffentlichkeit schließlich völlig aus dem Blick geriet, ist eine andere Frage. Man muß gerade gegenüber der humanitären Stilisierung des Ausländerproblems mit Nachdruck betonen, daß die „Wanderungspolitik" ursprünglich von ganz schnöden, ja egoistischen Interessen bestimmt war. Sie sollte vor allem der Absicherung unseres Sozial- und Wirtschaftssystems gegenüber den drohenden Folgen des Bevölkerungsrückgangs dienen. Wir haben zunächst nur Arbeitskräfte, Rentenbeitragszahler und Konsumenten gerufen, durchaus keine „Menschen". Die bloßen „Menschen", d.h. Armutsflüchtlinge, Wirtschaftsflüchtlinge, Kontingentflüchtlinge, De-facto-Flüchtlinge und andere Sozialhilfeempfänger sind erst später – und durchaus ungerufen – zu uns gekommen. Sie dienten dann freilich als willkommenes Alibi für eine Politik, die eigentlich alles andere als „humanitär" war. Die undifferenzierte Vermischung aller Kategorien von „Ausländern" und „Einwanderern" ermöglichte es den Politikern, ihrer „selbstsüchtigen" Politik einen menschenfreundlichen Anstrich zu geben und den „sozial engagierten" Teil der Bevölkerung dafür zu interessieren.

Mit der „sozialen Note" konnte die Wanderungspolitik „öffentlichkeitsfähig" werden. Sie geriet damit aber auch in den Strudel aller möglichen „sozialen" Bewegungen und Bestrebungen, die den ursprünglichen Zweck des ganzen Unternehmens in den Hintergrund treten ließen. Die Intellektuellen mit ihrem standesgemäßen Humanitarismus und Xenozentrismus, die Sozialpolitiker jedweder ideologischen Provenienz, Christen sogut wie Sozialisten und Anarchisten, entdeckten nun ihr Herz für die „Ausländer", die sich als Objekte der Nächstenliebe oder als Ersatzproletariat anboten und für alle möglichen Zwecke instrumentalisieren ließen, darunter auch für einen radikalen Wandel der althergebrachten Gesellschaft und Kultur. Es wäre jedoch völlig falsch, würde man der Ausländerpolitik von Anfang an so weitreichende Intentionen unterstellen, wie sie ihr heute etwa von den Anhängern einer „multikulturellen Gesellschaft" unterschoben werden.

Die „multikulturelle Gesellschaft" hat ursprünglich in der Wanderungspolitik keine Rolle gespielt. Was heute von manchen Politikern als das programmatische Ziel ihrer Politik ausgegeben wird, ist eigentlich eher eine Verlegenheitslösung für das Problem der langfristigen „Integration" der Ersatzbevölkerung gewesen. Die Integrationsbemühungen hatten, wie gesagt, ursprünglich einen ganz „realpolitischen" Hintergrund: man wollte einfach die ausländischen Beitragszahler zur Rentenversicherung heranziehen und samt der nachwachsenden Generation langfristig in die „Solidargemeinschaft" einbinden. Die Idee der „Integration" ist primär dieser Überlegung entsprungen. Wie diese Integration zu bewerkstelligen sei, hat die Politiker zunächst nicht sonderlich beschäftigt. Man förderte den Familiennachzug und die Eingliederung der Jugendlichen in das Bildungs- und Ausbildungssystem des Gastlandes in der naiven Erwartung, daß sich auf diese Weise ein großer Teil der Gastarbeiter im Lande halten und assimilieren ließe. Unter „Integration" verstand man damals allgemein „Assimilation". Noch in den siebziger Jahren hat der damalige Bundeskanzler Schmidt sinngemäß erklärt: „Wenn einer hierbleiben will, dann muß er sich eben anpassen und unsere Kultur übernehmen, andernfalls soll er wieder zurück!" Über die Assimilationsbereitschaft und die Assimilationsfähigkeit der Ausländer hatten die Politiker damals noch sonnige Vorstellungen. Unter den Sozialwissenschaftlern hat allerdings schon in den siebziger Jahren eine differenziertere Diskussion eingesetzt. Da wurden, nicht zuletzt unter dem Einfluß der amerikanischen Erfahrungen, schon sehr früh teils ideologisch, teils empirisch begründete Zweifel am Konzept der Assimilation geäußert.[17] Es versteht sich, daß die meisten deutschen Soziologen von einer „Zwangsgermanisierung" der Ausländer von vornherein nichts wissen wollten. Die meisten plädierten damals für eine Form der „Integration", die man als „interaktionistisch" bezeichnete[18] und die darauf hinauslief, daß beide Seiten, Ausländer und Einheimische, „aufeinander zugehen" und eine gemeinsame neue „Kultur" bilden sollten. Man träumte von einer neuen Gesellschaft, die nach dem Vorbild des amerikanischen „melting pot" aus der Vermischung vieler Kulturen entstehen sollte.

Das Konzept der Assimilation erwies sich allerdings auch in praxi bald als undurchführbar, da sich die überwiegende Mehrheit der Ausländer partout nicht assimilieren lassen wollte. Selbst unter denen, die formal alle Voraussetzungen einer Ermessenseinbürgerung erfüllten, war die Einbürgerungsquote sehr niedrig. Doch wollten die meisten Ausländergruppen auch von dem „meltig pot" der Soziologen nichts wissen. Sie bestanden auf der Respektierung ihrer „nationalen Identität". Einige, vor allem die Griechen, weigerten sich sogar, ihre Kinder in deutsche Schulen zu schicken und verlangten kategorisch ein eigenes nationales Schulsystem. Aus dieser Verweigerung ist dann als Verlegenheitslösung das Konzept der „multikulturellen Gesellschaft" hervorgegangen. Mit dem „normativen Modell" der „multikulturellen Gesellschaft"[19] ist eine Form der „Integration" gemeint, bei der die eingewanderten „Minderheiten" weder assimiliert noch diskriminiert werden dürfen. Sie sollen einerseits in ihrer kulturellen Besonderheit akzeptiert, andererseits in „sozialer" Hinsicht wie Staatsbürger behandelt werden. Der pfiffige Slogan „different but equal", der das Programm auf eine einprägsame Kurzformel bringt, heißt auf deutsch: „soziale Gleichberechtigung trotz kultureller Verschiedenheit". Für unsere Sozialpolitiker war das Konzept der „multikulturellen Gesellschaft" schon deshalb eine Verlegenheitslösung, weil es mit dem Ideal der Gleichheit kollidiert, das sie sonst favorisieren. Mit seiner Anerkennung der kulturellen Besonderheiten liegt es anscheinend quer zum egalitären Credo, das gerade jene Zeitgenossen beseelt, die Parteigänger der „multikulturellen Gesellschaft" sind. Linke Kritiker des Modells haben denn auch bereits moniert, daß sich ihre Genossen mit dem Kult der kulturellen Eigentümlichkeiten auf das Terrain ihrer konservativen Gegner begeben hätten.[20] Tatsächlich bedeutet diese „unio conservativa" (wie die entsprechende Kompromißformel nach dem Scheitern der konfessionellen Einigungsbestrebungen im 17. Jahrhundert lautete[21]) weniger eine Absage an die soziale Gleichstellung und Gleichbehandlung – die ja gerade ausdrücklich gefordert wird – als eine Beseitigung der ethnisch-kulturellen („nationalen") Homogenität, die nach der Lehre von so bedeutenden Staatsrechtlern wie Hermann Heller und Carl Schmitt eine unverzichtbare Voraussetzung jeder funktionierenden Demokratie ist.

Auch ich bin der Ansicht, daß das normative Modell der „multikulturellen Gesellschaft" mit einer Demokratie unvereinbar ist.[22] Das Ideal ethnisch-kultureller Verschiedenheit bei sozialer Gleichheit ließe sich m.E. bestenfalls in einer „Konkordanzdemokratie"[23] realisieren, die aber mit ihrem Minderheitenproporz, ihren Vetorechten und ihren Elitekartellen eine völlig andere politische Verfassung haben würden als Staaten, die man heute in Europa demokratische nennt. Bei Licht betrachtet, ist die „multikulturelle Gesellschaft" entweder die programmatische Formel eines humanitären Kulturnihilismus, der alle Kulturen als gleichwertig anerkennt, weil ihm alle gleichgültig sind,[24] oder eine euphemistische Bezeichnung für einen Vielvölkerstaat, der nach allen Erfahrungen der Geschichte kaum demokratisch zu regieren wäre. Schon das „Mehrheitsprinzip" wäre in einem solchen Staat impraktikabel und sinnlos.

Ich möchte bewußt die Frage offenlassen, welche weiterreichenden politischen und ideologischen Ziele die Anhänger der „multikulturellen Gesellschaft" mit ihrem Programm verfolgen könnten, und begnüge mich mit der Feststellung, daß sich das Konzept der „multikulturellen Gesellschaft" längst von seinem ursprünglichen Kontext abgelöst und verselbständigt hat. Aus der Verlegenheitslösung einer „Integration" mit Assimilations- und Diskriminierungsverbot ist inzwischen die Utopie einer „postnationalen", „offenen" und „weltbürgerlichen" Gesellschaft geworden, die zur Legitimierung der systematischen Dekomposition der demokratischen Nationalstaaten Europas dient. Mit dem ursprünglichen Ziel der langfristigen Sicherung des Systems der sozialen Sicherheit hat das alles nichts mehr zu tun.

Bei diesen Andeutungen über die „multikulturelle Gesellschaft" will ich es belassen und zum Schluß nur noch die Frage aufwerfen, ob denn die Wanderungspolitik – ganz abgesehen von den weitreichenden sozialen, kulturellen und politischen Konsequenzen einer Integration ohne Assimilation und ohne Diskriminierung – wenigstens in rein demographischer Hinsicht eine Alternative zu einer pronatalistischen Bevölkerungspolitik wäre. Können die europäischen Völker ihre „Altenlast" durch Aufnahme von Fremden effektiv verringern und den Bevölkerungsschwund rückgängig machen? Oder wäre auch unter diesem Aspekt eine pronatalistische Strategie vorzuziehen? Was würde, gesetzt, sie wäre technisch möglich und politisch durchsetzbar, eine pronatalistische Bevölkerungspolitik bringen?

Es gibt Berechnungen, die dafür sprechen, daß die Bevölkerung der Europäischen Gemeinschaft insgesamt in der heutigen Stärke erhalten werden kann, erreicht sie bis zum Jahr 2010 wieder das Reproduktionsniveau, also eine TFR von 2,1 Geburten pro Frau.[25] Rechnerisch wäre das also eine klare und saubere Lösung. Mit welchen Mitteln ein Anstieg der Fruchtbarkeit auf das Reproduktionsniveau zu erreichen wäre, müßte diskutiert werden. Wenn es in Europa dagegen bei einer durchschnittlichen TFR von 1,64 bleibt – ich spreche von Europa, Deutschland und auch Österreich haben niedrigere Werte –, bliebe nichts anderes übrig, als das Defizit durch Einwanderer auszugleichen. Welche Probleme mit dieser „billigen" Lösung auf uns zukommen, kann man sich vorstellen, wenn man die Frage aufwirft, wieviele Einwanderer denn eigentlich nötig wären, um den Bevölkerungsstand der EG in seiner jetzigen Größe zu halten. Die zitierten Modellberechnungen haben ergeben, daß ein Geburtenrückgang, wie er im Westen seit den siebziger Jahren beobachtet wird, nur durch eine Rekordzahl von Einwanderern ausgeglichen werden kann. Die Größe des jeweils benötigten Einwandererkontingents hängt natürlich davon ab, wie sich die Fruchtbarkeit der Einheimischen und der Einwanderer auf lange Sicht entwickelt.

Das wahrscheinlichste Szenario geht davon aus, daß die Fruchtbarkeit der Europäer auf dem jetzt erreichten Niveau verharrt und die der Einwanderer etwa auf das Reproduktionsniveau absinkt. In diesem Fall wäre in der EG eine jährliche Einwanderung von etwa 1,5 Millionen Menschen erforderlich, was bis zum Jahr 2060 in der EG auf einen Ausländeranteil von durchschnittlich 35 % (im Vergleich zu heute etwa 4%!) hinauslaufen würde. Über ein Drittel der Bevölkerung wäre also fremder Herkunft, wobei „fremd" hier außereuropäisch heißen soll, d.h. sie würde aus Regionen kommen, die wir als exotisch empfinden. Für Deutschland und auch für Österreich müßte der Anteil solcher Exoten freilich noch viel höher sein.

Von besonderem Interesse ist auch die Frage, ob und inwiefern sich die Verschiebungen im Altersaufbau durch eine Einwanderungspolitik kompensieren lassen. Auch in dieser Beziehung spricht alles für eine pronatalistische Bevölkerungspolitik. Wenn sich nämlich die TFR der Europäer bis zum Jahre 2010 von 1,64 auf 2,11 anheben ließe, würde der Anteil der über 65jährigen im Jahr 2060 nach den zitierten Bevölkerungsvorausberechnungen 19,7% ausmachen, im Vergleich zu 16,5% des Jahres 1985.[26] Dagegen würde in dem Szenario mit einer gleichbleibenden Fruchtbarkeit der Einheimischen und einer auf das Reproduktionsniveau absinkenden Fruchtbarkeit der Einwanderer bei 800.000 jährlichen Einwanderern und einem bis zum Jahr 2060 auf 34% ansteigenden Ausländeranteil der Anteil der über 65jährigen 21,3% betragen. Der Alterungsprozeß in der EG könnte also auch durch einen Rekordzugang von Ausländern nur abgeschwächt, nicht aufgehalten werden, und zwar selbst dann nicht, wenn die Einwanderer eine beträchtlich höhere Fruchtbarkeit aufweisen würden als die Autochthonen.

Mit der Wanderungspolitik läßt sich demnach zwar unter Umständen der erreichte Bevölkerungsstand halten, aber die europäischen Völker wären zum Untergang verurteilt. Auf die Dauer würde die einheimische europäische Bevölkerung infolge ihrer unzureichenden Geburtenhäufigkeit aussterben und eine neue Bevölkerung mit einer neuen Kultur an ihre Stelle treten. Das sind Zukunftsaussichten, die man als rosig bezeichnen kann, wenn man meint, daß wir einer Weltgesellschaft entgegengehen, in der es so etwas wie die tradierten Kulturen ohnehin nicht mehr geben wird. Wer dagegen die europäische Kultur und die nationalen Kulturen in Europa – aus welchen Gründen auch immer – noch für etwas Bewahrenswertes und Entwicklungsfähiges hält, muß die sogenannte Wanderungspolitik mit allen Mitteln bekämpfen. Ich räume ein, daß wir beim Stand der Entwicklung und unter den gegebenen Rahmenbedingungen auf ein gewisses Kontingent assimilierbarer Einwanderer, die also möglichst aus kulturverwandten Regionen kommen sollten, wohl nicht verzichten können, aber in Anbetracht der dubiosen Konsequenzen kann der Rückgriff auf Einwanderer selbst aus rein demographischer Perspektive allenfalls eine ergänzende Maßnahme sein. Die Hauptleistung müssen wir aus eigener Kraft vollbringen. Was wir brauchen, ist eine Revitalisierung Europas, eine europäische Revitalisierungspolitik. Eine solche Politik darf sich freilich nicht damit begnügen, an Symptomen herumzukurieren. Auch der Bevölkerungsrückgang und die demographische „Überalterung" sind nur Indikatoren einer allgemeineren Hinfälligkeit und Vergreisung, die nur mit einem neuen „élan vital", mit einem Aufstand der Jugend gegen das Altersheim Europa, überwunden werden kann. Wenn der Zusammenbruch aller überkommenen politischen und kulturellen Strukturen vermieden werden und wenn das „Abenteuer Europa", unsere eigene Geschichte, überhaupt noch eine Zukunft haben soll, ist es für die Völker Europas höchste Zeit, sich von den liberalen Illusionen der vergangenen Jahrzehnte zu verabschieden und sich auf ihre eigene Kraft zurückzubesinnen.

Völker, die sich nicht mehr selbst reproduzieren, sind dem Untergang geweiht. Ob sie in aller Ruhe an „Schwindsucht" eingehen, friedlich unterwandert oder gewaltsam erobert werden, läuft letztlich auf dasselbe hinaus.

Literatur

Hepp, R.: Die Endlösung der Deutschen Frage. Grundlinien einer politischen Demographie der Bundesrepublik Deutschland, Tübingen 1988.

Hepp, R.: Different but equal – Aristotelisches zur Demokratie im Übergang vom DNS zur MKG, in: Beismann, V. und M. J. Klein, Hrsg., Politische Lageanalyse – Festschrift für Hans-Joachim Arndt, Bruchsal 1993, S. 65–104.

Hepp, R.: Der Aufstieg in die Dekadenz, in: Mohler, A., Hrsg., Wirklichkeit als Tabu, Schriftenreihe der Carl Friedrich von Siemens Stiftung, München 1986, S.181–245.

1) Vgl. Hepp, R., Different but equal – Aristotelisches zur Demokratie im Übergang vom DNS zur MKG, in: Beismann, V. und M. J. Klein, Hrsg., Politische Lageanalyse – Festschrift für Hans-Joachim Arndt, Bruchsal 1993, S. 65–104.

2) Weltbank, Hrsg., Weltentwicklungsbericht 1991, Washington 1991, dt. Ausg. S. 297 (Tab.26).

3) Vgl. Council of Europe, Ed., Recent demographic developments in Europe – 1991, Strasbourg 1991, bes. S. 10 f.

4) Die total fertility rate (TFR) ist die Summe der altersspezifischen Fruchtbarkeitsraten eines Jahres, nicht die eines Jahrgangs. Sie ist daher für prognostische Zwecke mit Vorsicht zu verwenden! Die Gesamtfruchtbarkeit der Kohorten (Jahrgänge) scheint nach den vorliegenden Kohortenanalysen etwas günstiger auszufallen. (Vgl. z.B.: Conseil de l'Europe, Ed., La fécondité des cohortes dans les Etats membres du Conseil de l'Europe, Etudes démographiques No. 21, Strasbourg 1990.) Langzeitreihen der TFR vermitteln jedoch eine durchaus realistische Vorstellung vom Fruchtbarkeitsniveau einer Bevölkerung.

5) Hepp, R., Die Endlösung der Deutschen Frage. Grundlinien einer politischen Demographie der Bundesrepublik Deutschland, Tübingen 1988, S. 29 (Tab. 2b).

6) Zur „Dekadenz" im allgemeinen und zur demographischen im besonderen vgl. Hepp, R., Der Aufstieg in die Dekadenz, in: Mohler, A., Hrsg., Wirklichkeit als Tabu, Schriftenreihe der Carl Friedrich von Siemens Stiftung, München 1986, S. 181 ff.

7) Kulischer, A. u. E., Kriegs- und Wanderzüge. Weltgeschichte als Völkerbewegung, Berlin/Leipzig 1932.

8) Sauvy, A., Mondes en marche, Paris 1982.

9) Sauvy, Mondes, S. 68. Nach dem „Weltbevölkerungsbericht 1990" der UNO (hrsgg. von Nafis Sadik UNFPA, deut. Ausg. Bonn 1990, S.41 ff.) wird der Bevölkerungsanteil der „unterentwickelten" Länder von heute 77% bereits bis zum Jahr 2025 auf 84% anwachsen. Der Anteil Europas und Nordamerikas wird im selben Zeitraum von 15% auf 9% zurückgehen, der Europas (einschließlich des europäischen Teils der einstigen UdSSR) von 9,4% auf 6%.

10) Cf. Keith, Sir Arthur, Essays on Human Evolution, London 1946, S. 101 ff., 116, 131, 162, 180, 192.

11) Zum „generativen Gemeinwohl" vgl. Kuhn, D., Der Geburtenrückgang als Familienproblem, Wien 1981, bes. S. 21 ff.

12) Vgl. Hepp, Endlösung, S. 40 ff.

13) Bundesregierung, Bericht über die Bevölkerungsentwicklung in der Bundesrepublik Deutschland, Teile I u. II, Bundestag-Drucksachen Nr. 8/4437 v. 8.8.1980 u. 10/863 v. 5.1.1984.

14) BMWI, Hrsg., Wirtschaftspolitische Implikationen eines Bevölkerungsrückgangs – Gutachten des wissenschaftlichen Beirats beim Bundesministerium für Wirtschaft, Studienreihe 28, Göttingen 1980, bes. S. 46 ff. und: Gutachten des Sozialbeirats über langfristige Probleme der Alterssicherung in der Bundesrepublik Deutschland, Deut. Bundestag, 9.WP, Drucksache 9/632 v. 3.7.1981.

15) Bundesregierung, Gutachten des Sozialbeirats über eine Strukturreform zur längerfristigen finanziellen Konsolidierung und systematischen Fortentwicklung der gesetzlichen Rentenversicherung etc., Bundestag-Drucksache 10/5332 v. 16.4.1986.

16) Kritisch zum Begriff der Integration: Rassem, M., Die Integration. Die Gänze. Zum politischen Wörterbuch IV, in: Zeitschrift für Politik, 34, 1987, H.1, S. 101–105.

17) Vgl. Esser, H., Aspekte der Wanderungssoziologie – Assimilation und Integration von Wanderern, ethnischen Gruppen und Minderheiten, Darmstadt/Neuwied 1980.

18) Vgl. z.B.: Bingemer, K. u.a., Leben als Gastarbeiter – geglückte und mißglückte Integration, Köln/Opladen 1970, 1972.

19) Zum „normativen Modell" vgl. Schulte, A., Multikulturelle Gesellschaft – Chance, Ideologie oder Bedrohung? In: Aus Politik und Zeitgeschichte 23/24 v. 1. 6. 1990, S. 1–5, bes. S. 11 ff. sowie: Hepp, R., Different but equal, bes. S. 83 ff.

20) Vgl. z.B: Naumann, K., Multikultureller Abschied von der Integration? in: Erziehung und Wissenschaft, 1990/1, S. 24 f. und: Schulze, B., Das multikulturelle Nichts, in: Links. Sozialistische Zeitung, 1989, S. 8–12.

21) Vgl. Hepp, Different but equal, S. 79 f. (Anm.42).

22) Zur näheren Begründung: Hepp, Different but equal.

23) Lijphart, A., Democracy in Plural Societies, New Haven/London 1977 und: Lehmbruch, G., Art. Konkordanzdemokratie, in: Nohlen, D., Hrsg., Wörterbuch Staat und Politik, München/Zürich 1991, S. 311–315 (Lit.).

24) Siehe Bruckner, P., Das Schluchzen des weißen Mannes, Berlin 1984, S. 136 ff.

25) Lesthaeghe R., H. Page und J. Surkyn, Sind Einwanderer ein Ersatz für Geburten? In: Zeitschrift für Bevölkerungswissenschaft, 17. Jg., 1991, H. 3, S. 281ff.

26) Im Szenario des Laxenburger IIASA (Heilig, Th. Büttner and W. Lutz, Germany's Population: Turbulent Past, Uncertain Future, in: Population Bulletin, Vol. 45, No. 4, Dec. 1990, S.35) kommt Deutschland im Fall einer Rückkehr zum Reproduktionsniveau ab dem Jahr 2000 im Jahr 2035 zu einem Anteil der über 65jährigen von 25% (im Vergleich zu 15% für das Jahr 1990). Nach der IIASA-Modellrechnung würde übrigens der Beitrag zur Rentenversicherung, der nach dem Worst-Case Scenario (Abfall der TFR bis 2000 auf 1,27, Anstieg der Lebenserwartung auf 80 Jahre) anno 2040 (bei einem Anteil der über 65jährigen von 44%) 37% des Bruttolohns betragen würde, auch bei einer zusätzlichen Aufnahme von 8 Millionen Zuwanderern nur um 2,7 % (bei einer Erhöhung des Pensionsalters um 3,6%) sinken. (Vgl. auch: Gonnot, J.-P., Demographic, social and economic aspects of the pension problem: evidence from twelve countries, IIASA Working Paper 90–15, march 1990).

Johann Millendorfer

DIE MASSENEINWANDERUNG AUS DER SICHT DES SYSTEMTHEORETIKERS UND KATHOLIKEN

Am Institut für angewandte Systemanalyse in Laxenburg ist es unsere Aufgabe, wirtschaftliche und politische Prognosen von einem systemtheoretischen Ansatz her zu erstellen. Wir verstehen die Gesellschaft als energie- und informationsverarbeitendes System, und dementsprechend ist auch mein Beitrag ein Versuch, aus dieser systemtheoretischen Sicht das Theoriedefizit bei der Frage von kulturellem Austausch, kulturellem Wandel, kultureller Unterwanderung usw. zu verringern.

Zur Verringerung des erwähnten Theoriedefizits haben wir vor ungefähr zehn Jahren im Buch „Konturen einer Wende" [1] den Begriff des „Kulturspeichers" eingeführt. Die Frage dabei ist, wie der kulturelle Prozeß stattfindet. Können wir mit modernen informationstheoretischen Begriffen eine bessere Verständigungsgrundlage finden? – Wir sind vom Begriff des sogenannten „Laufzeitspeichers" ausgegangen. Etwas vereinfacht, kann man vorerst einmal sagen: Die Information reitet auf der Materie. Ein Beispiel: Die alten Schriften waren die Grundlage von Information, und wenn sie unbrauchbar wurden, wurde die Information auf andere Schriften übertragen. Die Information hat von einem Pferd der Materie auf ein anderes Pferd übergewechselt. Diesen Begriff kann man auch für genetische Information verwenden. Die genetische Information reitet auf jedem Lebewesen, und wenn das Lebewesen dann dem Ende zugeht, wechselt sie über auf die Nachkommen. So ähnlich ist es auch mit der Übermittlung der kulturellen Information. Jeder von uns ist Träger dieser kulturellen Information, die gar nicht reflektiert sein muß, sondern sich schlicht auch in der Art des Handelns auswirkt. Wenn der einzelne nun dem Ende zugeht, dann hat er vieles schon an die Nachkommen übergeben.

Es gibt einen in der Computertechnik verwendeten Begriff des aus Laufzeitspeichern zusammengesetzten Umlaufspeichers. Was ich soeben beschrieben habe, ist, wie gesagt, der sogenannte Laufzeitspeicher. Beim Umlaufspeicher bleibt die Information eine Zeitlang auf einem Laufzeitspeicher. Diese Laufzeit geht einmal zu Ende, und dann wechselt sie über auf einen anderen Laufzeitspeicher; das ganze ist ein System von Speichern, die die Information weitertragen. Die Information reitet abwechselnd auf aufeinanderfolgenden Laufzeitspeichern insgesamt für beliebig lange Zeiten. Das Problem dabei ist das Wechseln, das Verändern der Information beim Übergang von einem Laufzeitspeicher zum anderen. Dem entspricht z.B. das Problem der Mutation bei der genetischen Übertragung. Wir wissen, daß die Mutation eine wichtige Größe für die Evolution ist, aber wir wissen auch, daß, wenn die Mutation zu schnell erfolgt – sagen wir nach einem Atomversuch – es dann zu Monstern kommt. Die Informationsübertragung von Laufzeitspeicher zu Laufzeitspeicher wird so stark verändert, daß die Grundinformation verlorengeht. Dann entstehen Babies mit zwei Köpfen, drei Augen, Armstummeln usw.

Auf dieser Basis stellt sich die Frage: Sind wir nicht mit demselben Problem auch bei der zu schnellen kulturellen Veränderung eines als Umlaufspeicher verstandenen Kulturspeichers konfrontiert? In meinem Beitrag zu diesem Thema im „Jahrbuch für politische Erneuerung" habe ich eine Beschreibung des Zusammenbruchs von Rom übernommen. Die römische Gesellschaft wurde offenbar durch eine zu schnelle Mutation des Kulturspeichers infolge Überfremdung – wenn man so sagen darf – zu einem kulturellen Monster. Ihre monströse Degeneration ist in den „res gestae" des A. Marcellinus, einem Zeitgenossen des Untergangs, eindrucksvoll beschrieben. [2]

Es gibt ein anderes Beispiel aus der Literatur,[3] wo die Mutation nicht durch kulturelle Unterwanderung zu schnell wurde, sondern wo ein Stamm der Iks – ein Bergvolk in Afrika – radikal von außen in seiner kulturellen Entwicklung unterbrochen und verändert wurde; er erlitt also einen Kulturschock, und daraufhin entstand so etwas wie ein kulturelles Monster. Der starke Ausdruck wird bei Turnbulls Beschreibung der veränderten Verhaltensweisen verständlich. Da gibt es nichts an Schlechtigkeit, Zynismus, Perversität, das nicht als Folge des Schocks zu beobachten ist. Turnbull sagt dazu: „Die Iks lehren uns, daß unsere vielgerühmten menschlichen Werte in keiner Weise der menschlichen Natur anhaften, sondern an eine ganz bestimmte Form des Überlebens, Volk genannt, geknüpft sind. Daraus ist zu ersehen, daß alles, sogar das Volk selbst einen Luxus darstellt, von dem man sich befreien kann. Das macht diese Werte um nichts weniger wunderbar und erstrebenswert. Und wenn der Mensch irgendeine Größe hat, so liegt sie sicher in seiner Fähigkeit, diese Werte zu bewahren. Er klammert sich oft an sie bis zu seinem bitteren Ende, verkürzt dabei lieber ein sowieso schon kurzes Leben, um nicht seine menschliche Kultur aufzugeben. Eine solche Haltung fordert allerdings eine Entscheidung, und die Iks lehren uns, daß man den Willen zu einer solchen Entscheidung verlieren kann."

Ich meine, daß das auch unsere Problematik ist. Wir haben noch nicht reflektiert: Was heißt eigentlich Volk? Volk, das sind Verhaltensweisen. Wir leben Kultur in dem Sinn, wie wir miteinander umgehen. Franz Werfel hat in seinem Buch „Der Stern der Ungeborenen", das im Jahr 101.945 handelt, eine sehr einfache Beschreibung dessen gegeben, was ich Volk und Kultur nennen würde. In diesem Roman ist in hunderttausend Jahren die Erde so zerstört, daß auf der Oberfläche nur mehr graues Gras wächst und die menschliche Zivilisation sich unter der Erde abspielt, in einer hochtechnisierten Lebensform mit Vollautomatisierung, künstlichen Nahrungsmitteln, Vollklimatisierung, abstrakter Kunst usw. Da bricht auf der Erde etwas auf, das die Unterirdischen mit Grauen erfüllt. Sie nennen es den Dschungel. Da wachsen wieder Blumen, natürliche Nahrungsmittel, da gibt es Menschen, die trinken Bier, feiern laute Feste und singen. Die Unterirdischen können das nicht fassen. Sie verfolgen es mit feindseliger Angst. Doch dann laufen die Katzen über, die ein Gespür dafür haben, wo Leben ist – und der Exodus der Katzen ist nach Franz Werfel ein Anlaß für die, wie er sie nennt, Faschisten der unterirdischen Gesellschaft, einen Krieg zu beginnen. Sie verlieren den Krieg, und das Buch endet damit, daß die Dschungelleute den Besiegten wieder das Singen beibringen.

Singen, das ist nur eine Chiffre für Kultur. Wie wir miteinander umgehen, wie wir miteinander arbeiten, Konflikte bewältigen, wie wir werben, wie wir sterben, wie wir Feste zur Sinndeutung unseres Lebens aus tiefen Wurzeln feiern, die bis zum Glauben reichen. Die Kultur eines Volkes äußert sich im so verstandenen „Singen". Wir haben hier noch eine Definition, erstaunlicherweise von Ivan Illich,[4] einzubringen: „Zur Menschwerdung mußten die Individuen unserer Spezies ein bestimmtes Programm entwickeln, durch das sie sich in ihrem Kampf mit der Natur und den Nachbarn leiten ließen. Jede Kultur entwickelt und definiert ihre einzigartige Vorstellung von dem, was es heißt, Mensch zu sein oder gesund zu sein. Jede Kultur bietet nicht nur Vorschriften etwa für die Landbestellung und den Kampf, sondern auch eine Reihe von Regeln, die dem einzelnen helfen, mit Schmerz, Schwäche und Tod fertig zu werden."

Vor dem Hintergrund der bisherigen Betrachtung muß noch abstrakt reflektiert werden, wie denn der ganze kulturelle Prozeß funktioniert, damit wir daraus zu unserem Thema der Überfremdung etwas ableiten können. Wie können wir verhindern, daß durch eine zu starke kulturelle Mutation kulturelle Monster entstehen? Wir sind ja auf dem besten Wege dorthin, denn wenn die Kriminalität dramatisch steigt, ist das schon ein Signal für den Weg zum Monster. Wir sollten alarmiert sein über diese Entwicklung, die wir schon lange nicht mehr im Griff haben, weil wir sie auch nicht verstehen. Zu einem besseren Verständnis sei kurz die eingangs begonnene abstrakte Betrachtung fortgeführt.

In der Abbildung 1 ist der Begriff des Kulturspeichers dargestellt. Der kulturelle Prozeß verläuft so: Die kulturellen Informationen gehen beim Ende eines Laufzeitspeichers aus dem Kulturspeicher heraus und wieder in einen neuen Laufzeitspeicher hinein. In diesem Kreislaufprozeß des Tradierens der Kulturinformation gibt es dazwischen Informationen, die durch kulturelle Wechselwirkung in die Reproduktion kultureller Information eingehen. Das kann man als kulturelle Befruchtung verstehen, die sich in Europa, wo die Völker einander gegenseitig in die Informationsreproduktion Werte eingespeichert haben, als sehr positiv erwiesen hat.

Graphisch ist dies so dargestellt, daß der Inlandkulturspeicher aus dem Kulturspeicher der Ausländer ein begrenztes Maß an Informationen erhält. Wenn nun aus dieser schmalen und befruchtenden Information ein so starker Einfluß wird, daß durch die zu schnelle kulturelle Mutation letzlich die Reproduktion zerstört wird, dann kommen wir, analog zum genetischen Unhold – aus der zu schnellen Mutation entstanden –, zum kulturellen Unhold. Wir dürften bereits auf dem Weg dorthin sein. Die Veränderung des Kulturspeichers hat noch eine Menge von anderen Dimensionen, die in der ganzen Diskussion nicht bekannt sind. Ein Beispiel dafür:

Die Formel in Abbildung 1 ist unter der Bezeichnung „Allgemeine Produktionsfunktion" in Österreich und international aus-

Die Masseneinwanderung aus der Sicht des Systemtheoretikers und Katholiken

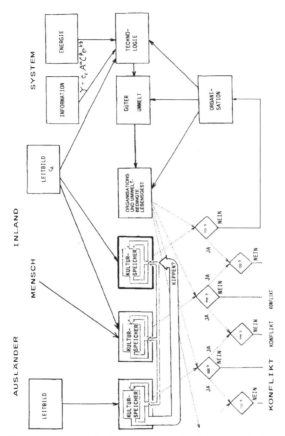

Abb 1: Die Funktion des Kulturspeichers im gesellschaftlichen Kontext. Das Inland ist unterteilt in Systembereich (Information bzw. Ausbildung, Energie bzw. Kapital, Technologie bzw. Technik und Wirtschaft, Güter und Umwelt bzw. Konsum und Infrastruktur, und Organisation bzw. Politik und Verwaltung) sowie Mensch- bzw. Lebensbereich (organisations- und umweltbedingte Lebensgestaltung, entsprechend dem Kulturspeicher bzw. dem Leitbild). Dazu kommen Kulturspeicher bzw. Leitbild der Ausländer.

führlich publiziert.[5)] Sie besagt u.a., daß bei der wirtschaftlichen Produktion die Größe c_z, das ist ein Effizienzparameter, ganz entscheidend kulturell bedingt ist. Der Effizienzparameter hat eine

Schwankung von 1:3. Wenn wir ein kulturelles Monster erzeugen, dann ist es sicher, daß dieser Effizienzparameter dramatisch sinkt. Es ist auch aus wirtschaftlichen Gründen einfach leichtfertig, mit Kultur so umzugehen, wie jetzt bei der Ausländerproblematik mit ihr umgegangen wird.

Wir müssen mit einer anspruchsvolleren Theorie, mit abstrakten Modellen unserer modernen Systemtheorie und Kybernetik an die Dinge herangehen, messen, forschen und überlegen, um besser zu verstehen und nicht nur zu polemisieren, wie es jetzt geschieht.

Normalerweise beginne ich ein Referat mit einer Liebeserklärung an jedes Volk dieser Welt und an jeden einzelnen aus diesen Völkern. Es ist eine gute alte Auffassung der Romantik, daß die Völker Gedanken Gottes sind. Aber gerade diese Gedanken Gottes zerstören wir, wenn wir kulturelle Monster erzeugen. Nicht nur bei uns, sondern überhaupt in der Welt. Überfremdung ist, so gesehen, nicht nur Inländer-, sondern auch Ausländerfeindlichkeit, und Ablehnung der Überfremdung ist noch lange nicht Ausländerfeindlichkeit.

Abschließend möchte ich noch einige Bemerkungen zum gängigen Polemisieren dieser Frage machen, die mir schwerfallen, aber gesagt werden müssen. Ich bin – nicht zuletzt aufgrund unserer wissenschaftlichen Arbeiten – überzeugt, daß das Evangelium das modernste Gesellschaftskonzept ist, und vertrete das auch mitten in der Welt. Ich bin also eine Art christlicher Wanderprediger, bin sehr dankbar für den persönlichen Glauben und auch gerne katholisch. Was aber Teile der katholischen Kirche jetzt auf die Bühne bringen, mag gut gemeint sein, aber gut ist es trotzdem nicht, schon gar nicht für das Christentum, wie die dadurch in der Basis ausgelösten Turbulenzen zeigen, die bis zu Austritten reichen.

Man kann doch nicht sagen, es muß einer geächtet werden, wenn er sagt, das Boot sei voll. Geächtet für eine andere Meinung? Wir Christen könnten dabei gerade mit der Weisheit der Bibel, die Maß und Mitte kennt, fruchtbar an das Problem herangehen und mäßigende Moderatoren einer allzu hitzig werdenden Diskussion sein.

Es stimmt, daß in der Bibel steht, daß dem Fremden all unsere Hilfe, Wertschätzung und Achtung gebühren. Das ist sehr stark formuliert bei Matthäus: „Ich bin ein Fremder gewesen, und ihr habt mich beherbergt." Da identifiziert sich Christus mit dem einzelnen Fremden. Das müssen wir ernst nehmen. Aber wir müssen die ganze Bibel mit ihrer Position von Maß, Mitte und Realität sehen. Da steht

Die Masseneinwanderung aus der Sicht des Systemtheoretikers und Katholiken

z.B. bei Jesus Sirach: „Nimmst du einen Fremden bei dir auf, so wird er dich in deinem eigenen Haus zum Fremden machen!"[6] Wir brauchen das Maß. Das Maß ist die Mitte der Weisheit.

In der Bibel finden wir an vielen Stellen als eine zentrale Aussage „treu und wahr". Wir müssen beides sein: treu und wahr. Treu zu der Verpflichtung, daß wir den Fremden helfen und gut zu ihnen sein müssen, aber auch wahr im Erkennen der Schwierigkeiten. Wenn wir zu sehr überfremden, können wir doch gar nicht mehr jedem Fremden helfen. Letztlich ist es ja Ausländerfeindlichkeit, wenn wir unser Land so überfüllen, daß wir gar nicht mehr unserer Verpflichtung nachkommen können. In dieser Spannung zwischen treu und wahr müßten wir an die Sache herangehen.

Da gibt es zum Beispiel eine Pfarre in Linz, die viel für die Treue und wenig für die Wahrheit übrig hat. Die Leute haben für 400 Türken eine Siedlung gebaut, mit Moschee, mit Stehtoiletten und allen möglichen Extras. Ich habe ihnen gesagt: Wenn das auch noch so gut gemeint sein mag, eure Enkel werden sie verfluchen! Es hat gar nicht so lange gedauert bis zu den Enkeln. Wie in den Zeitungen zu lesen war, wurde schon bei der Eröffnung der Moschee geschossen. Da entstehen Trutzburgen der Intoleranz, und wir finanzieren sie. Bei aller Liebe zu jedem Türken und aller Wertschätzung der türkischen Kultur: Die Wahrheit, die harte Realität ist, daß es angesichts des weltweit zunehmenden, z.T. gewalttätigen Drucks zur Islamisierung unverantwortlich ist, die historischen Siege bei Wien und die Siege eines Prinz Eugen aufs Spiel zu setzen und uns zwar eine ganz andere, aber nicht weniger bedrohliche Türkenbelagerung selbst herbeizuholen. Nur die allerdümmsten Kälber wählen ihre Metzger selber. Unser Gutsein zu den Fremden muß auch rational sein.

Wenn wir die Hilfe für die Fremden rational optimieren, dann kommen wir zur Hilfe jeweils in ihrem eigenen Land. Dort könnten wir wirklich helfen, da tun wir aber viel zu wenig. Beim Neubau Europas haben wir im Westen tatsächlich noch eine Bringschuld. Wir haben noch viel beizutragen, daß die Fehlentwicklungen in Europa und letztlich auch in der Welt repariert werden. Wenn wir unser Versagen bei dieser Aufgabe durch Hereinpferchen der von uns Vernachlässigten in unsere Länder kompensieren wollen, tun wir genau das Falsche. Wenn wir aber die Herausforderung der Geschichte zum Neubau Europas mit viel mehr Einsatz beantworten als bisher, dann wird Europa ein Modell, das man wirklich auch mit gutem Gewissen in der Welt verbreiten kann. Was wir jetzt in der Industriegesellschaft an Lebensmodellen haben, das dürfen wir ja gar nicht weitergeben, denn es zerstört den Planeten und die Gesellschaft.

Wenn wir also die Herausforderung für Europa mit all unseren Möglichkeiten beantworten und ein Überlebensmodell mit einer neuen Definition von Wohlstand (Rio) zur Kultur hin, zum „Singen" des Franz Werfel hin, zu einem sinnerfüllten Leben hin entwickeln, dann können wir dies mit Überzeugung an die Orte des Elends übertragen, damit die Leute dort nicht wegziehen müssen. Es ist ein Wahnsinnsmodell, statt die notwendigen massiven Reparaturen in der Heimat der Fremden durchzuführen, damit die Menschen dort leben können, diese Menschen zu uns zu holen. Und damit die Probleme nicht zu lösen, sondern zu verschärfen.

Es gibt nun in der Bibel zur Gesamtlage eine merkwürdige Prognose: „Es ist keine Treue und Liebe, keine Gotteserkenntnis mehr im Lande, es herrschen Meineid, Lüge und Mord, Diebstahl, Ehebruch, Gewalttat und Blutschuld reiht sich an Blutschuld. Deshalb trauert das Land. Und all seine Bewohner vergehen mitsamt den Tieren des Feldes, den Vögeln des Himmels, und auch die Fische des Meeres schwinden dahin."[7] Eine Prognose, die jetzt eintritt. Die Umweltprobleme kommen von den Inweltproblemen, und die müssen wir lösen. Beim gleichen Propheten steht vom gleichen Volk, von dem diese erste Prognose handelte: „Fremde verzehren seine Kraft, aber es merkt es nicht."[8]

Welche Zukunft haben wir vor uns? Das Zerstören des Planeten, das Zerstören der Gesellschaft, das Zerstören unserer Kultur und die der anderen Völker? Wie kann es gut gehen, wenn die von allen Lastern geschüttelte Industriegesellschaft immer neue Wege in die Katastrophe sucht?

Nehmen wir die Situation als Herausforderung! Das braucht Weisheit, die Position der Mitte und braucht noch mehr: Es braucht so etwas wie menschliche Größe. Zu dieser sind wir herausgefordert, um unter dem Motto „treu und wahr" die geschichtliche Aufgabe zu bewältigen. In Treue zu unserer Verpflichtung gegenüber den Fremden, aber auch in Treue zu unserem Volk und in Wahrheit im Erkennen der Schwierigkeiten und Grenzen.

Und gerade für die Kirche, für die Christen, muß noch betont werden: Dieses Treu und Wahr ist der Name des wiederkommenden

Herrn. In der Offenbarung des Johannes 19,11 steht: „Und ich sah den Himmel offen und einen Reiter auf weißem Pferd und sein Name ist Treu und Wahr." Wir können nur in Treue und Wahrheit und in Weisheit diese Probleme lösen. Wie es jetzt geht, geht es generell in die Katastrophe. Aber ich habe die Hoffnung, daß wir die notwendigen Lernprozesse doch bewegen, wenn wir auf diese beiden Werte setzen, die auch ein Namen sind: Treu und Wahr.

Literatur

1) Gaspari Ch., Millendorfer J., Konturen einer Wende – Strategien für die Zukunft, Graz 1978.

2) Ammianus Marcellinus (um 390): Rerum gestarum libri. Rom. Clark, C.U. (Hrsg.) (1910–15), Reeb, v.W. (1923): Auszüge übersetzt.

3) C. M. Turnbull, The Mountain People, New York 1973.

4) Illich, I., Die Enteignung der Gesundheit, Frankfurt/Main 1975. Johann Millendorfer, Überlegungen zur Ausländerfrage.

5) Hans Millendorfer und Christof Gaspari, Wien: Immaterielle und materielle Faktoren der Entwicklung. Ansätze zu einer allgemeinen Produktionsfunktion. In: Zeitschrift für Nationalökonomie 31 (1971), 81–120, Springer-Verlag 1971.

6) Jesus Sirach 11,35.

7) Hosea 4,2–3.

8) Hosea 7,9.

Josef Schmid

„MULTIKULTUR"

Zur Idee und Kritik eines Gedankenexperiments

„Ein Gespenst geht um..."

Die „Multikultur" ist zweifellos Utopie. Sie verdankt sich dem Ausmalen von Gesellschaftsbildern im akademischen Milieu, als sich in den achtziger Jahren ein gewisser Bevölkerungsdruck auf die westlichen Industrienationen bemerkbar machte. Dieser kündigte eine noch unbekannte Form der Zuwanderung an, weil sie in ihrer Dimension über die klassische Gastarbeit hinausging. In den USA hatte sich das Problem des „multiculturalism" als neue Bürde im Erziehungswesen herausgestellt, zumal das Einwanderungsland USA im letzten Jahrzehnt verstärkt asiatische Mittelschichten anwarb, und dies trotz der schon bestehenden Integrationsprobleme für den schwarzen und lateinamerikanischen Bevölkerungsteil.

In Deutschland, Österreich und der Schweiz ist Multikultur oder „multikulturelle Gesellschaft" ein Intellektuellenprojekt, das die Gesichtsveränderung von Stadtquartieren und Gemeinden zur unabwendbaren Zeitströmung erklärt. Das „Projekt" nimmt die Irritation weiter Bevölkerungskreise zum willkommenen Anlaß, um „gesundes Volksempfinden" zu wittern und pädagogisch in die Zange zu nehmen. Seit dem ersten Auftauchen des Begriffs hat er die politischen Lager, die sich schon zu vermischen schienen, erneut polarisiert: vom rot-grünen Spektrum wurde er weitgehend okkupiert, vom bürgerlichen Lager beargwöhnt. Nach dem Zerfall des Kommunismus und dem Durchrosten des Eisernen Vorhangs hatten sich der Wanderungsdruck auf den Westen und auch das Gerede von der multikulturellen Gesellschaft verstärkt, so als hätte damit das kapitalismuskritische Milieu flugs die nächste Beglückungsfolie aus der Schublade gezogen, nachdem ihr die eine vor aller Welt mißraten war.

Doch gibt es Gründe, die Debatte um die multikulturelle Gesellschaft nicht nach dem altbekannten Ideologiemuster Rechts/Links zu führen, denn die Konfrontationslinien haben sich seit 1989 doch verschoben. Man hat den Eindruck, daß sich Befürworter einer Multikultur und Anhänger bzw. Verteidiger der Nationalstaatsidee in allen größeren politischen Gruppen finden und daß das von Max Weber eingeführte Positionspaar „Verantwortungsethik/Gesinnungsethik" weiterhilft, den Begriff selbst und die Diskussion, die ihn übrigens ändert, zu klären. Wir wollen das Utopische an Multikultur herausstreichen und sie gar nicht erst entwerfen und „umsetzen". Wir wollen sie als Attitüde erkennen und als probates Scheidewasser im Dienste einer längst fälligen Ideologiekritik.

Multikultur zwischen Moral und Politik

Die große Unklarheit und Ratlosigkeit, die der Begriff verbreitet, verlangt auf einige vertraute Vorbedeutungen einzugehen, die in Multikultur enthalten sind. Zu ihnen gehören alltägliche Fremderfahrung, ja sogar Kulturschock, wie er in Fernreisen erlebt und im Abenteuerurlaub gesucht wird. Die große Anregung und Gesichtskreiserweiterung, die höhere Bildungsstufen den Fremdkulturen entnehmen, sind unbestritten. Wer eine Fremdsprache erlernt, heißt es in einem schönen Vergleich, befreit einen in sich gefangenen Geist. Hier wird gleich unterschieden zwischen der Anzahl Fremder und dem, was sie mit sich tragen und abliefern, nämlich das Fremde. Freundlich oder feindlich kann man sich nur fremden Einzelpersonen gegenüber verhalten. Wenn das Fremde zur Diskussion steht, ist eine Objektivitätsstufe erreicht, ein soziales Phänomen auf den Tisch gelegt, das mit Begriffen der interpersonalen Beziehungen nicht zu klären und auseinanderzunehmen ist.[1] Das Fremde kann ignoriert, benutzt, eingedämmt oder gefürchtet werden. Es drängt in jedem Fall zur Entscheidung und wird damit immer zur politischen Frage. Das Verhalten gegenüber den Fremden im Lande muß sich den Normen und moralischen Prinzipien, die den Verkehr der Menschen untereinander regeln, fügen. Die Frage der politischen Entscheidung durch den Staat und die Frage normengeleiteten Verhaltens in der Gesellschaft auseinanderzuhalten, ist Grundlage der sozialen Ordnung und versperrt Demagogen die Tür.

Politik und Moral sind zum Zwecke der Bestandserhaltung beider getrennt worden, wie in den Denkschulen von Max Weber und Karl

Mannheim bis hin zu den Institutionslehren von Arnold Gehlen und Helmut Schelsky gefordert wird.[2] Wird die Trennung beider Sphären versäumt oder verfehlt, drohen die moralisierende Blockade des politischen Entscheidungsvorgangs und die Sentimentalisierung von Problemen, bis sie unlösbar werden. Die inneren Gefahren erwachsen einer Demokratie aus Nicht-Entscheiden, Nicht-Lösen von Problemen, Nicht-Handeln, weil lautstarke Moralfraktionen Probleme in Gesinnungstests verwandeln und so dem politischen Entscheidungsraum entziehen. Schelsky sieht die moderne Priesterherrschaft heraufkommen, wenn die Blockade-Moral einer Minderheit über Verstärkereffekte durch Medien eine eingeschüchterte schweigende Mehrheit produziert. Hier tut sich ein schroffer Gegensatz zu dem auf, was vom Neomarxismus und kritischer Theorie aus Frankfurt noch übriggeblieben ist. Diese hält es nämlich für ihre Aufgabe, die „Entmoralisierung der politischen Diskurse (J. Habermas) zu verhindern".[3]

In einem bemerkenswerten Stück Ideologiekritik wendet der Bielefelder Soziologe Niklas Luhmann ein, daß diese Haltung gegenüber Gegenwartsproblemen nur dann eingenommen werden könne, wenn man wisse, was „das Gute" ist.[4] Auch deutsches Verhängnis und Daseinsverfehlung zur Mitte unseres Jahrhunderts hin könnten nicht weise für immer machen, sondern auch nur klug für ein andermal. Der triumphierende Karl Popper warnte auch davor, mit totalitären Gedankengebärden aus dem politischen Totalitarismus herausfinden zu wollen: nur die nächsten Wege seien politikabel, entscheidbar und somit menschlich.[5]

Moralisierung der Politik ist ein strategisches Mittel zur Gewinnung von Intellektuellenmacht. Wer darin nur einen sympathischen, menschenfreundlichen Gestus sehen will, verkennt die Gefahr, die von der Ausdehnung moralischer Herrschaftsansprüche ausgeht. Die Blockade von dringend gebotenen Problemlösungen wird zum „Erfolgserlebnis", reizt zu Wiederholung und verschafft Zulauf. Der brillante, aus Wien stammende Soziologe Peter Berger erkennt in Moral eine Billiginvestition für die Ausübung von Macht, die gerne Gruppen vornehmen, welche den Gesellschaftserfordernissen wie Produktion, Gewerbe und Markt fernstehen.[6] Funktioniert die Ausdehnung von Macht qua Moral allzugut, findet sich immer mehr Inkompetenz in den oberen Rängen. Da Moral im postindustriellen Wohlfahrtsstaat sich weniger in Taten als in Sprachspielen, „Diskursen", im Zeigen von Gesinnung äußert, kann sie noch einen weiteren Grund für Systemverfall liefern: den „Triumph der Gesinnung über die Urteilskraft".[7] Ausgeprägt findet man diese Tendenz schon im Automatismus und den zur Gedankenlosigkeit geronnenen Stehsätzen, mit denen auf das üble Exempel des Nationalsozialismus und seiner Verbrechen verwiesen wird – für tagespolitische Zwecke der Gegenwart. Dies erklärt, warum die Auseinandersetzung mit dem Nationalsozialismus mit zeitlichem Abstand von ihm zunimmt. Die These, daß sich eine jüngere Generation, die eben keinerlei Verdrängung mehr nötig habe, dem Thema unbefangen und offen widmen könne, ist keine hinlängliche Erklärung. Vielmehr sind es Gesinnungskonkurrenz und Machtmechanismen im neuzeitlichen medialen Kulturbetrieb, die die schärfsten Geschütze nicht mehr in der Schublade halten können und aus der Vergangenheitsbewältigung eine intellektuelle Industrie gemacht haben.

Die Einwanderungsfrage wurde klarerweise zum Eldorado des apolitischen Moralismus. Er versucht mit betonter Weltfremdheit der Welt beizukommen, analog der Schelskyschen These geht sein Einfluß weit über seine Grenzen. Denn auch die satte Parteiendemokratie hat immer noch nicht begriffen, daß ein Wanderungsdruck aus Richtung Osteuropa und der dritten Welt, ja eine neue Völkerwanderung von der „armen" in die „reiche Welt" längst eingesetzt haben. In solcher Lage ein Individualrecht auf Asyl beibehalten zu wollen, ist eine Absurdität. Die Drohgebärden gegenüber denen, die einer Rechtsänderung zuzustimmen gedenken, sind ein Amalgam aus bequemer Vergangenheitsbewältigung und Weltanschauung, die sich über den realen Zustand der gegenwärtigen Welt erhaben dünkt.

Die kategoriale Trennung von Moral und Politik bedeutet kein Plädoyer für eine Morallosigkeit des Politischen. Die Politik muß vielmehr ihre moralischen Prinzipien vorweg klären, um handlungsfähig zu werden. Die Gefahr liegt nicht darin, daß die Politik ihre moralische Basis verliert, sondern daß sich Moral an die Stelle von Politik setzt. Denn das bedeutet letztlich Orwell-Staat, Fundamentalismus und Nachbarschaftskontrolle im Stile des ersten modernen Totalitarismus in Europa: dem calvinistischen Genf. Es gibt keine ernsthafte Auseinandersetzung mit „Multikultur" ohne diese kategoriale Trennung, da sonst der Wortzauber, der von ihr ausgeht, nicht nach rationalen, irrationalen und pastoralen Inhalten sortiert werden kann.

Josef Schmid

Multikultur als Inbegriff des Utopischen

Es ist schwierig, eine stichhaltige Definition für multikulturelle Gesellschaft zu finden. Wer sich durch die Flut von Publikationen durcharbeitet, findet kaum Schlüssiges, sondern vorwiegend Bildbeschreibungen, unter denen die Idyllen deutlich überwiegen. Folgendes Destillat soll wiedergegeben werden:

Das Multikulturelle bezeichnet einen Raum, in dem keine dominante einzelne Kultur mehr dominiert und versucht, Zuwanderer „einzugemeinden", sie einer Akkulturation zu unterziehen. Die nationalen und ethnischen Gruppen bleiben bewußt einander fremd und kooperieren nur auf der Basis gemeinsamer Austauschinteressen.

Das kann man sich auf einem Gemüsemarkt in Berlin-Kreuzberg oder dem Naschmarkt in Wien gerade noch vorstellen, aber wie eine Industrienation ohne verbindliche, in einer Sprache abgefaßte Kommunikations- und Leistungsnormen existieren kann, bleibt schleierhaft. Hier mischen sich offenbar biblische Visionen (das Lamm wird bei dem Panther weiden...), Rousseausche Ideen vom Neubeginn der Menschheitsgeschichte ohne vorgeprägte Zwänge und jakobinische Universalismen, die Gleichheit und Freiheit für die hinreichenden Garanten für Brüderlichkeit auch unter denen halten, die sich nicht kennen. Hier scheinen der große Rausch von 1789 eine ganze Stufe weitergetrieben und die Begriffe von Nation und Kompatriot (der eigentliche „Mitbürger") ins Kosmopolitische verlängert. Die Darstellungen von Multikultur wecken den Eindruck, als solle die universelle Republik lokal eingeübt werden. Nicht zufällig taucht in den Bestimmungen des Multikulturellen häufig das Wort „Experiment" auf und bestärkt damit Ängste und Zweifel, ob sich fortgeschrittene Industriestaaten mit enormen Lasten und Pflichten überhaupt einem Experiment überlassen dürfen. Die eifrigsten Vertreter zeigen in ihrem Weltbild auch eine deutliche Abwendung von der Industriegesellschaft. Dies kommt in den Idealen zum Vorschein, denen das „Soziotop" multikultureller Begeisterung huldigt: eine kleinproduzierende, agrarische oder töpfernde, in Selbsthilfenetzen einander zugetane Tauschgesellschaft. Progressive Zeitgeistverwalter im öffentlichen Dienst wären als weitere „Tragkörper" zu nennen. Ein Sonderfall ist die Industrie, die sich über ausländische Arbeitskräfte freut, weil sie sich um Folgeprobleme in den Gemeinden nicht zu kümmern braucht.

Die Theorie der Multikultur steht auch in der Tradition eines geläuterten Neo-Marxismus bzw. der „zivilen Gesellschaft". Die Freunde des „Universalismus" sind ebenfalls mit von der Partie. Sie reduzieren den Menschen auf die Inhaberschaft von Persönlichkeitsrechten, die – weil universell gültig und den Geist von 1789 atmend – eine Friedenschance bergen. Hier wird der Mensch wiederum wie in allen schrecklichen „Ismen" des Jahrhunderts zum Abstraktum einer Idee, die in ihrer Reinheit nicht funktioniert, solange „es menschelt". Der Universalismus ist eine gutgemeinte „Entmenschlichung in weltbürgerlicher Absicht". Wird von Kultur, Rasse, Ethnie und Erziehungsstil abstrahiert, kann nur der multikulturelle Friede ausbrechen. – Der Universalismus wird noch zu schaffen machen, weil er als intellektuelle postkommunistische Ersatzreligion besonders taugt: er produziert Massen gleicher Schäfchen im Dienste des Guten.[8]

Multikultur – eine historische Tendenz oder moralische Anweisung?

Die ganze Widersprüchlichkeit des Konzepts von einer multikulturellen Gesellschaft zeigt sich gerade in den Äußerungen eines ihrer eifrigsten Propagandisten, nämlich des CDU-Vorstands Heiner Geißler:

„Multikulturelle Gesellschaft bedeutet die Bereitschaft, mit Menschen aus anderen Ländern und Kulturen zusammenzuleben, ihre Eigenart zu respektieren, ohne sie germanisieren oder assimilieren zu wollen.

Das heißt auf der anderen Seite, ihnen, wenn sie es wollen, ihre kulturelle Identität zu lassen, aber gleichzeitig von ihnen zu verlangen, daß sie die universellen Menschenrechte und die Grundwerte der Republik, zum Beispiel die Gleichberechtigung der Frau und die Glaubens- und Gewissensfreiheit, achten und zweitens die deutsche Sprache beherrschen."[9]

Genau dies würde in einer multikulturellen Gesellschaft nicht eintreffen. Was Geißler meint, ist kein neues Gesellschaftsmodell, sondern nur der Vorschlag, Zuwanderung – in welcher Form auch immer – einfach zuzulassen und mit den Ausländern, trotz der zunehmenden Anzahl und unabhängig ihrer Herkunft, möglichst konfliktfrei auszukommen. Um dies zu sagen, bräuchte es den bombastischen Begriff einer Multikultur nicht und auch nicht die Beunruhigung, die er damit ins Staatsvolk, den eigentlichen Souverän, hineinträgt. Denn Multikultur stellt ja nicht nur die Frage des Zusammenlebens und des reibungslosen Geschäftsverkehrs in den Mittelpunkt, sondern ein gleichberechtigtes Nebeneinander unterschiedlicher Normenwelten, Religionen und Traditionen, wovon Geißler im obigen Zitat eindeutig abweicht.

Nach eigenen Worten fürchtet Geißler den deutschen „romantischen Volksgeist", der eine fremdenfeindliche und provinzielle Denkblockade bedeute. Nimmt man jedoch den Begriff einer Multikultur ernst, so strotzt er geradezu von Romantizismus: das Fremde und einander feindlich Gegenüberstehende, wie wir es in unzähligen Beispielen ethnischer und religiöser Selbstbehauptung heute vorfinden, soll in einem Milieu mit gesicherten und hochwertigen öffentlichen Gütern (Recht, Wirtschaft, Währung, soziale und öffentliche Sicherheit) zum produktiven Funkenschlag werden, zur Bereicherung und zur Bequemlichkeit aller, zuerst der Einheimischen und dann auch immer mehr der Zuwanderer selbst.

Diese an Romantizismus nicht zu überbietende Konzeption soll also an die Stelle des romantischen Volksgeistes treten. Hier wird verkannt, daß gerade der von Herder entdeckte und von Hegel beschriebene „Volksgeist" in einer Weise gefaßt ist, daß er in einmaliger Weise die Brücken zu den Nachbarvölkern schlägt. Schleiermachers romantische Hermeneutik ist als „Einfühlung" in das andere gedacht, und Hegels Dialektik der Grenze zwingt dazu, über das eigene hinwegzusehen und es so ständig zu erweitern: Das soziale Schrifttum der deutschen Romantik scheint am Ausgang unseres Jahrhunderts eine vernünftige Basis für Selbstvergewisserung und Fremdverstehen zu bilden. Der französische Philosoph André Glucksmann hält den blauäugigen Kosmopolitismus für nicht minder gefährlich wie den Nationalismus, weil er sich über Kettenreaktionen bald in einen solchen rückverwandelt. Die Opfer, die das westliche Deutschland für die Neuen Bundesländer erbringen muß, werden aus romantischem Volksgeist allemal verläßlicher erbracht denn aus menschenrechtlichen Universalien. Die Opferbereitschaft wäre gering, hätte sich Ostdeutschland als eine multikulturelle Gesellschaft aus sowjetisch-zwangsvereinigten Brüdervölkern präsentiert.

Widersprüchliche Sollvorstellungen

Ein wortreiches Kompendium von Sollvorstellungen zum Konzept einer multikulturellen Gesellschaft liefert Axel Schulte:

„...die Frage, wie ein Zusammenleben von einheimischer Bevölkerung und Einwanderungsminderheiten gestaltet werden soll, ist weder auf dem Wege einer sozialen Diskriminierung noch mit Hilfe einer Isolation dieser Minderheiten zu beantworten: Die Einwanderungsminderheiten sollen über zureichende Möglichkeiten verfügen, ihre jeweiligen Kulturen, Identitäten, Beziehungen und Vereinigungen aufrechtzuerhalten und weiterzuentwickeln, die Einheimischen und Einwanderer sowie ihre jeweiligen Gruppen sollen in (Austausch-)Beziehungen miteinander stehen, und diese Beziehungen sollen dem Grundsatz nach vom Prinzip der Gleichberechtigung bestimmt sein." [10]

Doch diese Konzeption fordert den anstrengenden Umbau von Herz und Hirn bei der einheimischen Bevölkerung. Was man hier unter kultureller Integration versteht, soll sich plural und kulturautonom vollziehen, ganz im Sinne der obengenannten Austauschtheorie. Der Soziologe Esser spricht von einer „Integration, aber keiner Assimilation".[11] Die Frage, wie dies vor sich gehen sollte, ist nicht klar. Denn bleiben ethnische Gruppen in einem Zustand der Nicht-Assimilation, wird je nach ethnischer Anpassungsfähigkeit eine Klassenschichtung entstehen und jene Integration erschweren bzw. unmöglich machen, von der man so naiv meint, daß sie unter Gleich-Ungleichen zustande kommen könne.

Kaum Beispiele in Geschichte und Gegenwart

Die USA kennen den Ausdruck der „multiracial society" und auch den der „multiethnic society", stellen aber alle „social settings" unter die Staatsgrundsätze bzw. das amerikanische Credo. Sie halten „multiculturalism" für ein Organisationsproblem des Erziehungswesens. Die deutsche Version, d.h. die Beibehaltung der Herkunftskulturen, wird von amerikanischen Wissenschaftlern, wie dem Harvard-Historiker Arthur Schlesinger (Jr.), schroff abgelehnt. Sie zerstöre den Geist der amerikanischen Gesellschaft, die Einwanderung als einen geistigen und kulturellen Initiationsritus versteht. In einer Einwanderungsgesellschaft ist Multikultur eine Aufforderung zum Gruppen-Egoismus und Territorialkampf, wie er im Musical „Westside Story" noch operettenhaft dargestellt wird. Ihr sektiererisches Haupt erhebt die Multikultur im Schlagwort von der „Political Correctness", dem Bestehen auf der mitgebrachten oder subkulturell verankerten, abweichenden Werteskala. Sie zerstört verbindliche Normen des Wissens und ihrer Vermittlung, eben jenes Credo, das durch Einwanderer und Minderheiten erneuert und bestätigt werden soll. In einigen aktiven Zirkeln heißen Shakespeare, Newton, Voltaire, Kant, Jefferson, usw. „Dead Old White Men", abgekürzt DOWMS, die keine Grundlagen mehr zu liefern hätten. Ein schwarzer Dozent beklagte die Überbetonung von Schreiben und Lesen im westlichen Erziehungsstil; Musik und Ausdruckstanz müßten ihnen gleichgestellt werden. Die Erzeugung eines gefährlichen hysterischen Klimas durch sektiererische Ethno-Egoismen beklagte der Emeritus der Soziologe David Riesman: Es sei schwer für einen Dozenten geworden, nicht als Rassist zu gelten, sowie er nur den Mund aufmache. Soweit einige Kostproben vom Problempfad, den hochindustrielle arbeitsteilige Gesellschaften beschreiten, wenn sie sich unbedacht mit dem Bleigewicht von Teilkultur-Konflikten behängen.

Es ist kennzeichnend für multiethnische Regionen, daß sie unter einem festgefügten Werterahmen stehen, in dem sich erst Toleranz und Pluralität verwirklichen. Das galt für

– das alte Rom mit seiner strengen Rechts-, Militär- und Ständeordnung („Civis Romanus sum"),
– das maurische Cordoba unter dem Kalifen Abd ar-Rahman III. (912–961), das in märchenhafter Weise Abendland und Morgenland verschmelzen konnte,
– den Temesvarer Banat, wo Deutsche, Ungarn, Rumänen und Juden unter der Herrschaft der Habsburger (und der deutschen Sprache) zu einer Symbiose gefunden hatten.

Es gibt wenige Glücksfälle der Geschichte, die sich einem einmaligen Evolutionsweg verdanken und sich jeder Machbarkeit oder Wiederholung entziehen. „Herrschaft", auch im Sinne von sozialer Ordnung, ist nach Max Weber die Grundvoraussetzung für multiethnische Kooperation. Da zwischen Herrschaft, Wertestruktur und Kultur eine untrennbare Affinität besteht, würde es das Ende einer sozialen Ordnung bedeuten, wenn „Kultur" sich chaotisch multipliziert.

Kultur und Territorium

Es wäre vernünftiger, von multikulturellen Räumen zu sprechen und weniger von Gesellschaften, denn für solche gibt es kein ansprechendes Modell. Wenn man sich vergegenwärtigt, daß die meisten Entwicklungsländer multikulturelle Räume sind, deren Heterogenität einer „Nationswerdung" und Entwicklung im Wege steht, dann muß auch für Industrienationen, die sich mehr oder minder mutwillig in multikulturelle Räume verwandeln, eine ungewisse Zukunft im kommenden Jahrhundert angenommen werden. Kulturen besetzen Territorien, verwirklichen sich auf ihnen und strahlen auch in andere Territorien aus. Nomadenvölker erkennen in ökonomischen Nischen ihr Territorium, das zur materiellen Subsistenz ihrer Kultur wird. Das Territorium ist der Ausgangspunkt für Kulturkonflikte. Das Bestreben, sich in einem Territorium einzunisten, es zu verteidigen, es zu erweitern, ist eine anthropologische Konstante, die im rivalisierenden Aufeinandertreffen von Kulturen erst so richtig virulent wird.

Die Territorialfrage geht weit über das Geographisch-Zufällige hinaus. Die Kulturökologie weist nach, wie Geschichte und Überlebenstaktiken von Völkern mit Anpassungsvorgängen im Raum zu tun haben; sie kennt auch tragische Fälle, in denen Völker bzw. Stammeskulturen verschwunden sind, weil sie nach Ortsveränderungen an den neuen Lebensbedingungen scheiterten. Klima- und Raumveränderung hätten anderen Siedlungsbau, andere Medizin, andere Arbeitsformen erzwungen und die Lernfähigkeit und Anpassungsfähigkeit überfordert. Das Territorium steht in engem Austausch mit Kulturmechanismen und vermittelt sich bis in die sozialen Hierarchien und Formen der Religionsausübung. Der heikle Punkt ist derjenige der Grenze, die Trennung und Verbindung gleichzeitig darstellt. Die Grenze verliert ihre „transkulturelle Funktion", sobald sie nicht mehr festzulegen oder zu verteidigen ist. Eine nicht ernsthaft kontrollierte Außengrenze stellt die soziale Ordnung im Inneren in Frage.[12]

Das Volk, das sich seit 1989 zum Mißvergnügen der etablierten politischen Klasse deutlicher artikuliert als zuvor, reagiert negativ auf De-facto-Offenheit von Grenzen und läßt sich darin wenig beirren, auch wenn Moralfraktionen dies für kleinbürgerlichen Chauvinismus halten. Es ist dies eine Reaktion auf die schleichende Veränderung sozialer Milieus, die unter Mühen geschaffen wurden. Dazu hat sich im Laufe der letzten Jahrhunderte der Status des Einwanderers völlig verändert. Im 18. Jahrhundert war er, der einheimischen Bevölkerung an Bildung und Gewerbefleiß überlegen, umworbener Fachmann von bankrotten Fürstentümern. Im Hochindustrialismus um 1900 bis zur Einwerbung von „Gastarbeit" ersetzte er die fehlende Handarbeit. Nun aber, in der Hochtechnologie-Gesellschaft, kommt er mehr oder minder als Analphabet an, der erst mühsam geschult werden muß und neben Arbeitssuche offensichtlich das Sozialstatut für seine zahlreiche Familie zuständig wissen will. Das ist eine deutliche Herabstufung während eines Vierteljahrhunderts.

Der Migrant, der heute in eine „postindustrielle Gesellschaft" des Westens gelangt, mitunter auf recht abenteuerlichen Wegen, erlebt die enorme Diskrepanz im Lebenszuschnitt zweier Welten und hat einfach eine Chance ergriffen, die sich ihm darbot. Mit Warten auf Gelegenheiten verbringen Abermillionen ihren Alltag im Herkunftsland, und dieses bei Gelegenheit zu verlassen, ist Teil ihrer Alltagsbewältigung. Der Vorwurf des Mißbrauchs oder Schmarotzertums entspringt der Sicht des Einwanderungslandes, und es liegt an ihm, daran etwas zu ändern. Das beginnt mit klaren Vorgaben für Einwanderung und Entwicklungspolitik. Die Arme Welt ist in Richtung Mitteleuropa nicht „demographisch zu entsorgen" und auch nicht rascher durch Massenabwanderung zu entwickeln. Die Reiche Welt wird nicht umhin können, das Verhältnis zu den Auswanderungsländern der dritten Welt und auch Osteuropas auf eine Basis zu stellen, die über Entwicklungshilfe und Kreditvergabe hinausgeht. Es wird nicht ohne Investitionsplan abgehen, der die Menschen am Ort hält und Einwanderung von dort unterbindet. „Vertragsarbeit" dürfte aber ebenfalls eine Rolle spielen.

Multikultur – eine Folge westlicher Bevölkerungsstruktur?

Moderne Bevölkerungen stehen unter zwei ausgeprägten Tendenzen:

– zum einen mindert ein anhaltender Geburtenrückgang seit Beginn der siebziger Jahre die Jugendjahrgänge. Deutschland, Österreich, die Schweiz („The Germanic Cluster") und Italien sind die Vorreiter dieses Trends in Westeuropa. Die Elterngeneration ersetzt sich schon seit zwei Jahrzehnten nur noch zu einem Drittel;
– zum andern unterliegen die modernen Bevölkerungen einem beschleunigten Alterungsprozeß, der sich schon anteilsmäßig aus dem Jugendschwund ergibt; dann aber auch absolut durch gesteigerte Lebenserwartung in den Altenjahrgängen. Die 75– bis 100jährigen sind die einzige Altersgruppe, die relativ rasch wächst.

Inzwischen ist die Bedeutung dieser demographischen Struktur für die Zukunft postindustrieller Wohlfahrtsstaaten und einer exportorientierten Wirtschaft klargeworden. Wer sich in den siebziger Jahren die Freiheit nahm, im rapiden Geburtenrückgang nicht nur Segen, Entlastung der Familie, Befreiung der Frau und Selbstverwirklichung zu sehen, sondern auch Probleme für den Sozialstaat, der auf einem Generationenvertrag ruht und plötzlich in die Zone „demographischen Risikos" gerät, hatte es nicht gerade leicht. Atavistische Ängste vor dem „Aussterben der Deutschen", reaktionäre und nationalistische Volksvermehrungsideen waren noch das Vornehmste, was ihm vorgeworfen wurde. Nun sind die Kritiker leise geworden: zum einen, weil sie inzwischen ihren Karriereweg abgeschlossen haben, zum andern, weil der geleugnete Problemdruck sich doch bemerkbar macht. Niemand bestreitet mehr, daß die Produktivkraft in einem leistungsstarken und dynamischen Humankapital zu suchen ist, für dessen Aufrechterhaltung alternde Gesellschaften zu Kompensationen greifen müssen.[13] Zu ihnen gehören

– Erhöhung der Produktivität und Schulung des durchschnittlich alternden Erwerbspotentials, nach dem die geburtenschwachen Jahrgänge ins Erwerbsalter eingetreten sind;
– Erhöhung des Arbeitskräftepotentials durch Manipulieren an der Lebensarbeitszeit (kürzere Ausbildungszeiten, Hinausschieben des

Ruhestands), aber auch Einwerbung von mehr Frauen in die Erwerbstätigkeit;
– Technologisierung: Sie dürfte ins Stocken geraten, wenn die Träger der Innovation, die 18– bis 35jährigen, zahlenmäßig einbrechen;
– Einwanderung, falls sich die vorgenannten Methoden erschöpfen oder ohnehin nur Teillösungen bedeuten.

Einwanderung in moderne High-Tech-Gesellschaften muß politisch gesteuert werden, da mit einer bloß quantitativen Füllung der demographischen Lücke nichts erreicht wäre. Solche Gesellschaftsformen eignen sich nicht zum Vielvölker-Laboratorium. Der quantitative Rahmen der Einwanderung muß sofort mit qualitativen Kriterien präzisiert werden, als da sind: das Durchschnittsalter der Einwanderer (möglichst jung), der Ausbildungsgrad (möglichst qualifiziert und sprachgewandt) und ethnisch-religiöse Integrierbarkeit.

Einwanderungspolitik wird erst über ein Einwanderungsgesetz amtlich. In seiner Strenge bedeutet es das Ende gedankenloser und karitativer Weltumarmung. Wenn in Deutschland zur Zeit Sozialdemokraten, Liberale und die evangelische Kirche danach rufen, kommen Zweifel auf, ob diese Gruppen wissen, worauf sie sich da einlassen. Dazu müßten sie erst in den eigenen Reihen jene entmachten, die zu Realität und Politik ein halluzinatorisches Verhältnis haben. Ihr Widerstand gegen die deutsche Asylrechtsänderung hat dies offen zutage gefördert. Es ist noch nicht auszudenken, wie sie sich gegenüber einer jährlichen Quoten- und Kontingentliste, dem Kernstück einer Einwanderungspolitik, anstellen werden.

Die Bemerkung von Sprechern der Grünen, Einwanderungspolitik dürfe sich nicht nach Arbeitsmarktkriterien ausrichten, läßt schon erahnen, was das pädagogisierende Protestpotential wohl alles auffahren wird. Offenbar soll nicht der Einwanderungsbedarf des Westens, sondern die Bedürftigkeit der dritten Welt den Ausschlag geben. Hier läge ein Musterbeispiel für die Verwechselung von Moral und Politik vor. Eine inoperable Beschwörungsformel würde einer rationalen Rechengröße vorgezogen. Diese Taktik, mit Weltangst- und Erbsündenrhetorik Entscheidungsvorgänge zu torpedieren, ist als Destabilisierungsmöglichkeit von Demokratien noch zu wenig durchschaut.

Ein Einwanderungsgesetz kommt nicht zustande, wenn seine Inhalte in einem Kulturkampf zwischen pragmatischer Verantwortungsethik und sektiererischer Gesinnungstüchtigkeit untergehen. Nur ein auf Integration setzendes Einwanderungsgesetz kommt einem schöngeredeten Babylon zuvor, hindert eine Multikultur am Entstehen.

Kultur – Nation – Staat

Die Bestimmung von Kultur, Nation und Staat füllt Bibliotheken. Am Beginn der Neuzeit steht die Debatte um die Begründung von Staatswesen. Zwischen Bodinus und Hobbes, die dem Staat Ordnungs- und Lebensschutzfunktionen zuwiesen, und den Vertragstheoretikern wie Rousseau, die den einzelnen nur in (früh-)liberaler lockerer Bindung zu Ordnungsmächten sehen wollten, schwankt das gesamte Staatsdenken. Es nahm entweder für den „Staat" Partei oder für die freie Assoziation der Subjekte, die „Gesellschaft". Die Französische Revolution verhalf ihr, vom Dritten Stand geformt, zum Sieg über den feudalen und parasitären Ständestaat und hat diesen Sieg „Aufbruch" (levée en masse) und „Geburt" (Nation) genannt. So wurde die französische Nation mehr Erlebnis- und Erziehungseinheit. Kant legte in seiner Geschichtsphilosophie die Kultivierung der Menschheit dar, und Fichte erkannte in den Subjekten die eigentlichen Träger dieses Prozesses. Die Subjekte werden damit Teil eines größeren sprach- und herkunftsgebundenen Bildungsprozesses und machen die Nation eigentlich aus. Max Adler hat auch den Austromarxismus stark auf Fichte gegründet, und so war es nur konsequent, daß sich die österreichische Sozialdemokratie im Zuge des Zerfalls der Monarchie als einzige um die „Nationalitätenfrage" kümmerte und daraus ihre eindeutigen (hier nicht näher erläuterten) Schlüsse zog. Die Idee der „Solidargemeinschaft" ist der gelungene Versuch, die „Nation von links" noch einmal zu gründen, und so finden wir sie auch heute vor. Sie setzt allerdings Tradition und emotionales Wir-Gefühl voraus, das die Deutschen in Tradition und Geschichte, die Franzosen im kulturellen Sendungsbewußtsein und die Amerikaner im Ritus eines Schwurs auf ein freiheitliches Verfassungscredo zum Ausdruck bringen. So schwer diese nationalen Besitzstände zu definieren sind, so rasch melden sie sich im Falle einer Verletzung. Wann, wo und in welcher Form sie verletzt werden, bestimmt der „Souverän". Es ist längst klargeworden, daß der Volksbegriff der modernen Demokratie kein genealogischer oder rassischer ist, sondern aus einer Traditions-, Bildungs- und Produktionsgemeinschaft besteht, längst auch integrierte Ausländer umfaßt und deshalb einer gewissen Umverteilung der Güter loyal gegenübersteht.

In modernen postindustriellen Gesellschaften ist auch der Kulturbegriff beweglich geworden. Er meint nicht mehr eine Fügsamkeit der Kulturgüter, sondern die Art, in der Kultur die Überlebensfunktionen der Gesellschaft unterstützt: Kultur ist die Art ihres Funktionierens und arbeitet analog den Gehirnfunktionen. Sie speichert, vergißt, bringt Neues hervor, prüft es auf Zukunftsverträglichkeit und meldet im Bedarfsfalle die Fehlleistungen und versäumten Anpassungen. Kultur ist ein Überlebensprogramm und Frühwarnsystem, das bei einem Anflug von Multikultur alle Warnsignale auf Rot stellt.

So gesehen, ist Multikultur der Untergang der Kultur, die dann nur noch als Monade weiterexistieren dürfte. Einwanderungsbedarf, ob wohlklingend oder nicht, kann nicht über wildwüchsige Grenzüberschreitung, die Multikultur über einen Quantensprung herzustellen droht, gedeckt werden.

Die Frankfurter Daniel Cohn-Bendit und Thomas Schmid haben gründliche und phantasievolle Texte zur Multikultur verfaßt, die sich wohltuend von linksradikalem Ersatzthemeneifer und Intellektuellenarroganz gegenüber einem ewig faschistoiden Volk unterscheiden, welche die Lektüre zum Thema sonst so unerträglich machen. Sie halten Multikultur wie Einwanderung für „eine unausweichliche Folge der Moderne" und Bemühungen, sie vom reichen Mitteleuropa fernzuhalten, für zwecklos. So gibt es für sie nur eine Flucht ins Unbekannte, das sie jedoch mit Gefahren, Konflikten und neuartigen Problemen korrekterweise ausmalen. Eine tagtägliche Gratwanderung sei erforderlich, ein Katalog neuer Spielregeln, der eingeübt werden müsse. Integration ohne Assimilation wäre möglich, wenn einander fremde Kulturen durchdringen:[14] „Das Fremde wird nicht zum Deutschen, sondern es entsteht etwas Drittes, etwas Neues."[15]

Cohn-Bendit und Schmid kommen geistig von idealistischen Rezepturen der Gesellschaftsänderung und haben sich zu einem Realitätsbewußtsein vorgearbeitet, dem der gesprengte Rahmen revolutionärer Ungeduld allerdings immer noch anhaftet. Wer auch diesen abstreifen konnte und endlich zu einem evolutionären Konzept von sozialer Wirklichkeit finden kann – Kultur macht keine Sprünge –, blickt weniger angstvoll in die Zukunft und muß nicht die Geißel des Religionsgründers schwingen. Das zu Ende gehende Jahrhundert soll auch mit seinen Schrecken Schluß machen und die Menschen nicht mehr vor einer verordneten Vernunft in die Knie zwingen.

Weiterführende Literatur

Wolfgang Kowalsky, Rechtsaußen – ... und die verfehlten Strategien der deutschen Linken. Frankfurt/M.-Berlin (ULLSTEIN-Report), 1992.
Stefan Ulbrich (Hg.), Multikultopia – Gedanken zur multikulturellen Gesellschaft. Vilsbiburg (Arun), 1991.
Daniel Cohn-Bendit/Thomas Schmid, Heimat Babylon – Das Wagnis der multikulturellen Demokratie. Hamburg (Hoffmann & Campe) 1992.
Annette Treibel, Migration in modernen Gesellschaften – Soziale Folgen von Einwanderung und Gastarbeit. Weinheim-München (Juventa) 1990.
Friedrich Heckmann, Ethnische Minderheiten, Volk und Nation – Soziologie der inter-ethnischen Beziehungen. Stuttgart (Enke) 1992.
Walter Kälin/Rupert Moser (Hg.), Migrationen aus der Dritten Welt – Ursachen und Wirkungen. Bern-Stuttgart 1989.
Claus Leggewie, Multikulti – Spielregeln für die Vielvölkerrepublik. Berlin (Rotbuch) 1990.

1) Georg Simmel, Soziologie-Untersuchung über die Formen der Vergesellschaftung. Berlin 1968, S. 509.
Mario Erdmann, Fremdeln – Kulturelle Unverträglichkeit und Anziehung. In: Kursbuch, 107, März 1990, S. 19–32.

2) Max Weber, Der Beruf zur Politik. In: ders., Soziologie – Weltgeschichtliche Analysen – Politik. Stuttgart 1964, S. 167–185.
Karl Mannheim, Ideologie und Utopie. Frankfurt 1952.
Arnold Gehlen, Moral und Hypermoral, Wiesbaden 1981.
Helmut Schelsky, Die Arbeit tun die anderen. Opladen 1975.

3) Zit. in: Frankfurter Allgemeine Zeitung, 1.3.93; vgl. J. Habermas, Die zweite Lebenslüge der Bundesrepublik: Wir sind wieder „normal" geworden. In: ZEIT, Nr. 51/1992, S. 48.

4) Niklas Luhmann, Paradigm Lost: Über die ethische Reflexion der Moral. Frankfurt 1990.

5) Karl R. Popper, Objektive Erkenntnis – Ein evolutionärer Entwurf. Hamburg 1984; ders., Ausgangspunkte – Meine intellektuelle Entwicklung. Hamburg 1984.

6) Peter L. Berger, Moral Judgement and Political Action. In: Dialogue, Nr. 84, 2/1989.

7) H. Lübbe, Politischer Moralismus – Triumph der Gesinnung über die Urteilskraft. Berlin (Corso) 1987.

8) Petra Braitling/Walter Reese-Schäfer (Hg.), Universalismus, Nationalismus und die neue Einheit der Deutschen. Frankfurt (Fischer TB) 1991.
Günther Maluschke, Das Menschenbild und das Problem der „Werte" in der Sicht der politischen Philosophie. In: Aus Politik und Zeitgeschichte (Das Parlament), B 28/87, 11.7.1987, S. 3–13.

9) H. Geißler, Zugluft – Politik in stürmischer Zeit, München 1990. Abgedr. in: DER SPIEGEL, Nr. 13, 1990, S. 173.
ders., Die Gesellschaft von morgen. In: Die politische Meinung, Nr. 272, Juli 1992, S. 21–27.

10) Axel Schulte, Multikulturelle Gesellschaft: Chance, Ideologie oder Bedrohung? In: Aus Politik und Zeitgeschichte B 23–24/1.6.1990, S. 4.

11) Hartmut Esser/Jürgen Friedrichs (Hg.), Generation und Identität: Theoretische und empirische Beiträge zur Migrationssoziologie. Opladen 1990, bes. S. 281 ff.

12) J. Schmid, Das verlorene Gleichgewicht – Eine Kulturökologie der Gegenwart. Kohlhammer Verlag, Stuttgart, Berlin, Köln 1992.

13) Hans-Ulrich Klose (Hg.), Altern der Gesellschaft – Antworten auf den demographischen Wandel. Köln 1993.

14) Thomas Schmid, Multikulturelle Gesellschaft – großer linker Ringelpiez mit Anfassen. In: Neue Gesellschaft, Frankfurter Hefte, 36/1989, Nr. 6, S. 541 ff.

15) Daniel Cohn-Bendit/Thomas Schmid, Wenn der Westen unwiderstehlich wird. In: DIE ZEIT, 22.11.1991.

Rudolf Eder

WIRTSCHAFTS- UND GESELLSCHAFTS-
POLITISCHE ASPEKTE VON MIGRATIONEN

Der Migrationsdruck

Österreich steht schon seit vielen Jahren unter starkem Migrationsdruck, der sich mit dem Bürgerkrieg in Südslawien noch verstärkt hat. Dies kann auf vier Phänomene unserer Zeit zurückgeführt werden:

1. Die Bevölkerungsexplosion;
2. die unterschiedliche Bevölkerungsentwicklung in den armen und reichen Ländern;
3. den wirtschaftlichen Mißerfolg der sozialistischen Länder und die daraus resultierenden Bürgerkriege sowie Auseinandersetzungen zwischen Angehörigen verschiedener Volksgruppen, Religionen ect.;
4. den großen Entwicklungsunterschied, der ein enormes Wohlstands- und Wohlfahrtsgefälle zwischen den reicheren Industriestaaten und dem Rest der Welt verursacht.

Damit es zu bedeutenden Migrationen kommt, ist im Normalfall ein Migrationsdruck notwendig. Beim Aufbau eines solchen Druckes spielt Information eine wichtige Rolle. Die bestehenden Unterschiede müssen potentiellen Migranten bewußt werden.

Die Migration ist inzwischen ein Geschäft für Vermittler und Zwischenmänner geworden. Schlepper versuchen, die Möglichkeiten der Migration von Ländern niedrigen Einkommens in solche hohen Einkommens gewinnbringend zu nützen. Sie übernehmen die Rolle von Vermittlern von Arbeitsgenehmigungen, den Personentransport und den Menschenschmuggel.

Die eigentlichen Ursachen des Migrationsdruckes sollen nun kurz dargestellt werden.

1. Die Bevölkerungsexplosion

Die Vereinten Nationen geben für 1990 eine Weltbevölkerung

von 5,3 Mrd. an. Im Jahre 2025 wird mit 8,5 Mrd. gerechnet. Nach einer Voraussage des Fonds der Vereinten Nationen für Bevölkerungsplanung (UNFPA) könnte es bei einer Weltbevölkerung von etwa 14 Milliarden zu einer Stabilisierung kommen.[1]

Das Wachstum der Erdbevölkerung wird im Schaubild 1 für die Vergangenheit besonders anschaulich gezeigt. Wie die Entwicklung in der nächsten Phase von 400 Jahren verlaufen soll, kann man sich nicht gut vorstellen. Eine Fortsetzung des Trends ist unvorstellbar.

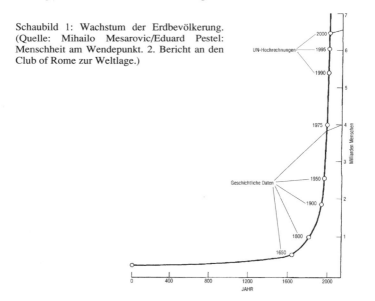

Schaubild 1: Wachstum der Erdbevölkerung. (Quelle: Mihailo Mesarovic/Eduard Pestel: Menschheit am Wendepunkt. 2. Bericht an den Club of Rome zur Weltlage.)

2. Die gleichzeitige Bevölkerungsimplosion in reichen Ländern

Die Bevölkerungsexplosion ist ein Phänomen, das ausschließlich in Entwicklungsländern auftritt. Gleichzeitig beobachten wir eine Implosion oder Schrumpfung beim Rest der Weltbevölkerung.

In den Industriestaaten hat sich das generative Verhalten so stark geändert, daß die Bevölkerung um ein halbes Prozent und mehr jährlich abnimmt. Die freiwillige Geburtenkontrolle ist das Ergebnis einer anhaltenden „Aufklärungskampagne", die anfangs an die Arbeiterklasse gerichtet war, sich in der Gegenwart aber hauptsächlich an die Frau wendet, der eine neue Form der Selbstverwirklichung ohne Kinder schmackhaft gemacht wird. Diese Kampagne wird in Österreich – unbeabsichtigt – durch eine kinderfeindliche Ausgestaltung der Familien- und Finanzpolitik indirekt unterstützt.

In den Entwicklungsländern wurden hingegen „die traditionellen Methoden der Geburtenregulierung, die in allen kolonisierten Gesellschaften bestanden haben, durch Einführung christlich-abendländischer Moralvorstellungen und die Zerstörung der sozialen Beziehungen unwirksam[2])." Gleichzeitig wurde diese Entwicklung durch die materiellen Interessen der Kolonialherren an Arbeitskräften für Plantagen und Bergwerke beeinflußt. Nach der Ächtung des Sklavenhandels wurde die Fortpflanzung der Sklaven in christlichen Ehen besonders gefördert. Die Anzahl der schwarzen Bevölkerung Amerikas ist dadurch viel stärker angewachsen als die der Ureinwohner. In der Karibik wurde die Urbevölkerung fast ganz ausgerottet und durch Sklaven und deren Nachkommen ersetzt. In Amerika hat sich die schwarze Bevölkerung seit 1850 verzehnfacht.

Wenn sich nichts Entscheidendes ändert, wird der Anteil der Bevölkerung von Industriestaaten an der Weltbevölkerung von ca. 32 % im Jahre 1950 auf 16 % im Jahre 2025 zurückgehen. Noch stärker werden die Anteile der Bevölkerung einzelner europäischer Staaten an der Weltbevölkerung sinken.

Die unterschiedliche Bevölkerungsentwicklung führt zu neuen Problemen, die hier nur teilweise behandelt werden können.

Während in den Ländern mit hohen Geburtenraten Kapital knapp ist, stellt in jenen mit sinkenden Geburtenraten Arbeit den relativ knappen Faktor dar. Zwangsläufig wird in den Entwicklungsländern das Lohnniveau weiter sinken und in den Industriestaaten steigende Tendenz aufweisen. Eine Entwicklung bei schrumpfender Bevölkerung erfordert einschneidende Strukturanpassungen und eine beschleunigte Umstellung von undifferenziertem auf selektives Wachstum. Undifferenziertes Wachstum ist für den Unternehmer problemlos und wird daher vorgezogen. Daraus ergibt sich der Wunsch, die Bevölkerungslücke durch Zuwanderer auszugleichen, wodurch die Nachfrage nach Gastarbeitern steigt.

3. Der wirtschaftliche Mißerfolg des sozialistischen Systems

Professor Hayek hat in einem ORF-Interview vor dem Fall des Eisernen Vorhanges gesagt: Ich glaube, daß der Sozialismus dazu führen wird, daß Hunderttausende von Menschen verhungern. Das sozialistische System wird ganz einfach nicht in der Lage sein, die Bevölkerung zu ernähren. Es wird zusammenbrechen.

Die Folgen des Zusammenbruches sind bekannt: Bürgerkriege zwischen Angehörigen verschiedener Volksgruppen, Religionen und Rassen, Unsicherheit, ein sehr niedriger Lebensstandard und steigende Kriminalität. Die derzeitige Situation in den ehemaligen Ostblockstaaten bietet somit viele Motive zur Emigration.

4. Entwicklungsunterschiede und Wohlstandsgefälle

Die großen Entwicklungsunterschiede verursachen ein beträchtliches Wohlstands- und Wohlfahrtsgefälle. Die Armut wird den Menschen über die verschiedenen Medien ins Bewußtsein gebracht. Was früher nicht als Armut gegolten hat, sondern als unabänderbares Schicksal empfunden wurde, wird nun zu einem Zustand erklärt, der unerträglich ist. Daraus muß sich Migrationsdruck ergeben.

Das Realeinkommen pro Kopf wurde für das Jahr 1989 in der Tabelle 1 für einige Volkswirtschaften zusammengestellt. Sie zeigt, daß in Österreich das BSP ca. 200mal höher ist als in Mosambik und zehnmal so hoch wie in Polen.

Zusammenfassend kann festgehalten werden, daß die Bevölkerungsexplosion in den Entwicklungsländern, die Bevölkerungsimplosion in verschiedenen Industriestaaten wie Österreich, die Folgen des Zusammenbruchs der sozialistischen Länder und das hohe Wohlstandsgefälle gemeinsam einen starken Migrationsdruck hervorbringen.

Einkommensvergleich für einige Staaten. BSP pro Kopf in US-$

Mosambik	80	
Äthiopien	120	
Ägypten	640	
Türkei	1.370	
Polen	1.790	Tabelle 1
Ungarn	2.590	
Tschechoslowakei	3.450	
Österreich	17.300	
Deutschland (nur BRD)	20.440	
Schweiz	29.800	

(Quelle: Weltbank: Weltentwicklungsbericht 1991. Entwicklung als Herausforderung. Washington, D. C., 1991. S. 246 f.)

Migration als Mittel zur Realisierung verschiedenster Ziele von Interessengruppen des Einreiselandes

Migration stellt einen Bevölkerungsprozeß dar, der sich als Resultierende einer Vielzahl individueller Entscheidungen ergibt[3] und durch Nutzen maximierende Individuen bestimmt wird. Außerdem hängt die Migration weitgehend von der Migrationspolitik des Ein- und Ausreiselandes ab. Verhalten und Politik werden durch die Zielsetzung der Migranten, der Regierungen und – allerdings nur in funktionierenden Demokratien – von der Wohnbevölkerung, den Wählern des Einreiselandes mitbestimmt. Die Migration hat sehr unterschiedliche Wirkungen auf einzelne Interessengruppen und Individuen und kann daher zur Realisierung verschiedenster Ziele genützt werden. Migration wurde und wird als Instrument zur Lösung individueller und gesellschaftlicher Probleme angesehen und eingesetzt. Sie bringt aber auch Probleme mit sich. Dementsprechend werden sich einzelne Interessengruppen für und andere gegen die Migration aussprechen. Ich möchte nur die wichtigsten Ziele verschiedener Interessengruppen des Einreiselandes aufzählen.

A) Ökonomische Ziele

Sklaverei und Sklavenhandel zeigen, wie groß die wirtschaftlichen Interessen an billiger Arbeitskraft sein können. Sie haben ganze Kontinente umgewandelt. Aus wirtschaftlichen Interessen ist die Urbevölkerung der Karibik, verschiedener Inseln der Südsee, Australiens und anderer Länder ausgerottet oder stark dezimiert und durch gefügige Arbeitskräfte (Sklaven, Sträflinge, Prostituierte, Abenteurer) ersetzt worden. Die einseitigen Interessen ließen sich nur durch Zwang durchsetzen, wie es auch bei Fremdarbeitern zu Kriegszeiten der Fall war. Heute werden ökonomische Ziele beidseitig verfolgt, und die Migration erfolgt freiwillig.

Im Einwanderungsland kann hauptsächlich zwischen zwei Erklärungen unterschieden werden:

1. Einzelwirtschaftliche Gewinnsteigerung durch billige Arbeitskräfte: Für viele Arbeitgeber ist es wirtschaftlich günstig, billige Zuwanderer zu beschäftigen. Das beginnt bei der Putzfrau – die man sich bisher nicht leisten konnte, die aber das Leben sehr

angenehm macht – und reicht über Bauarbeiter bis zu qualifizierten Kräften, die teurere und anspruchsvollere inländische Arbeitskräfte ersetzen. Vielfach kommt es aber nur zur vorübergehenden Lösung eines Strukturproblems. Eine notwendige Anpassung wird hinausgeschoben. Längerfristig kann eine solche Lösung durchaus bedenklich sein. Grundsätzlich aber können an der Zuwanderung billiger Arbeitskräfte Unternehmer und private Haushalte interessiert sein.
2. Gesamtwirtschaftliche Steigerung des Realeinkommens: Befindet sich die Bevölkerung vor dem Bevölkerungsoptimum, bedeutet jede Zuwanderung von Arbeitskräften eine Steigerung des Volkseinkommens pro Kopf. Die Zuwanderung wirkt auf den Lebensstandard tendenziell positiv und könnte somit der ganzen Bevölkerung zugute kommen. Es stellt sich nur die Frage, ob das Optimum noch nicht erreicht oder bereits überschritten wurde. Doch diese Frage wird später genauer behandelt.

B) Außerökonomische Ziele
1. Gründung einer multikulturellen Gesellschaft: Zum Aufbau einer multikulturellen Gesellschaft sind Zuwanderer in großer Zahl, aber keine Integration notwendig. Das mögliche Ergebnis kann in Ländern wie Brasilien, den USA, Israel und in Ansätzen auch schon in Frankreich, Holland, Deutschland und anderen Staaten studiert werden. Auch wenn die Idee faszinierend sein mag, das Ergebnis in diesen Ländern ist kaum ermutigend: Es kommt zu sozialen Spannungen, zur Herausbildung einer stark geschichteten Gesellschaft, zu steigender Kriminalität und sonstigen Belastungen. Die Tatsache, daß es allein in Wien 52 Moscheen gibt, stellt bereits ein latentes Problem dar. Inzwischen dürften die Förderer der Idee der multikulturellen Gesellschaft eingesehen haben, daß die Mehrzahl der Stammbevölkerung eine weitere Verdrängung nicht zulassen würde. Es ist um die multikulturelle Gesellschaft still geworden. Hier liegt aber eine noch größere Gefahr. Die heimliche systematische Überfremdung kann tatsächlich zu Unruhen führen, für die wohl kein Politiker die Verantwortung übernehmen möchte und auch nicht übernehmen kann.
2. Aufbau eines neuen Wählerpotentials: Es mag sein, daß politische Parteien in den Zuwanderern künftige Mitglieder sehen. Offen wird keine Partei dies als Grund für ihre positive Einstellung

zur Zuwanderung deklarieren. Es ist aber bekannt, daß „eine Reihe von Intellektuellen, Gruppen in der katholischen, aber noch mehr in der protestantischen Kirche, sowie hauptsächlich linke Politiker und Journalisten" für eine großzügige Handhabung der Zuwanderung eintreten.[4] Tatsache ist, daß xenophobe politische Parteien in einigen europäischen Ländern auf dem Vormarsch sind, während Parteien, die gegen solche Tendenzen opponieren, Wähler verlieren.[5] Der Druck, der von der Basis auf die sogenannten antixenophoben Politiker ausgeübt wird, drückt die zunehmende Sorge von Wählern über die Immigrationspolitik der Regierung aus, wobei die Einstellung dieser Menschen keineswegs ausländerfeindlich sein muß. Sie sind einfach gegen die massive Zuwanderung. Dabei kann die Begründung sehr unterschiedlich sein.
3. Rein humanitäre Ziele: Vielfach sind Staatsbürger für die Zuwanderung von Menschen in Not, weil man ganz einfach menschlich sein will. Für sie ist es unbedeutend, ob durch Migration neue Probleme geschaffen, alte Probleme nicht wirklich gelöst und die knappen Mittel unwirtschaftlich verwendet werden. Sie suchen ihre Selbstbestätigung und können dabei sehr rücksichtslos und intolerant vorgehen.

Zuwanderung als Problem

Die Zuwanderung von Ausländern wird von den Staatsbürgern sehr unterschiedlich aufgenommen. Die einzelnen Staatsbürger und Gruppen von Staatsbürgern (Interessengruppen) sind den Folgen der Zuwanderung auch sehr unterschiedlich ausgesetzt. Wer mit einem Chauffeur zur Arbeit fährt, wird keine negativen Erfahrungen in der Untergrundbahn machen können. Wer im eigenen Garten sitzen kann, ist nicht auf den öffentlichen Park angewiesen und kann sich dort nicht beengt fühlen. Wer sich am Golfplatz tummelt, wird dort kaum angepöbelt werden, denn nur Clubmitglieder haben Zutritt. Hat der einfache Staatsbürger kein Recht, sein Land als Club anzusehen, in welchen nicht jeder bedingungslos aufgenommen wird? Hat der einfache Staatsbürger gegenüber Fremden keine Vorteile und Privilegien?

Diese Fragen sollen hier nicht geklärt werden. Es soll nur festgehalten werden, daß sich jeder Staatsbürger gewisse Vorstellungen darüber macht, was Heimat für ihn bedeutet. Jeder Staatsbürger hat eine gewisse Erwartungshaltung. Werden seine Erwartungen nicht erfüllt, dann kann es zu einer durchaus negativen bis aggressiven Verhaltensweise kommen.

Eine Beurteilung der Zuwanderung erfordert eine strenge Unterscheidung der Zuwanderer nach Kategorien. Die Unterscheidung sollte durch einen Vergleich der Wirkungen, die von den einzelnen Immigrantengruppen auf die Ziele der einzelnen Staatsbürger ausgeübt werden, erfolgen. Grundsätzlich sind alle Wirkungen relevant, die das Wohlbefinden und die Wohlfahrt einzelner Staatsbürger beeinflussen. Die Beurteilung solcher Wirkungen muß den Staatsbürgern überlassen werden. In einer freien Gesellschaft und Demokratie kann und darf den Staatsbürgern weder von einer Zentralbehörde (Regierung) noch von einer eifernden Minorität oder Aktionsgruppe aufgezwungen werden, was bevölkerungspolitisch geschieht. Gegen unkontrollierte Zuwanderung zu sein, hat nichts mit Ausländerfeindlichkeit zu tun. Warum sollte der Staatsbürger sich das Recht nehmen lassen, selbst an der Gestaltung seiner Heimat mitzuwirken? In Fragen der Bevölkerungspolitik ist es notwendig, daß jeder Staatsbürger die eigenen Interessen, die eigenen Zielvorstellungen klar formuliert. Nur jeder einzelne kann für sich beurteilen, wie er die Veränderungen empfindet, die mit der Immigration verbunden sind.

Von den vielen möglichen negativen Wirkungen und Folgen der Zuwanderung sollen nur die wichtigsten aufgezählt werden:

1. Das Lohnniveau wird nach unten gedrückt, und es besteht eine Tendenz zum Ausgleich der Einkommen.
2. Die Arbeitslosigkeit kann steigen. Gewisse Arbeitsplätze werden Zuwanderern zugeteilt, obwohl sich auch Österreicher dafür interessieren. Davon können Ärzte, Kellner und viele andere Berufe betroffen sein. Von Immigranten werden schlechtere Bedingungen angenommen, Zuwanderer sind daher für viele Arbeitgeber günstiger. Es ist aber zu bedenken, daß der Zustrom billiger Arbeitskräfte notwendige Strukturanpassungen verzögert.
3. Da jeder Zuwanderer irgendeine Wohnung braucht, steigt die Nachfrage und führt zwangsläufig zu Preissteigerungen oder zur Herausbildung von Elendsvierteln.

4. Verelendung: Armut breitet sich wieder aus. Szenarien, die Österreichern nur noch von Reisen in fremde Länder bekannt waren, werden wieder alltäglich.
5. Öffentliche Güter werden stärker beansprucht, und es kommt zum Clubgutdenken: Wiesen im Wienerwald werden im Sommer überfüllt, Parkanlagen werden von Fremden beherrscht, in Ämtern verlängern sich die Warteschlangen, öffentliche Verkehrsmittel sind vollgestopft. Die Bereitschaft, mit den Fremden unser Erbe zu teilen, nimmt ab.
6. Wenn Ausländer nicht rechtzeitig integriert, von der Gesellschaft aufgenommen oder nicht aufgenommen werden können, dann kommt es seitens der Ausländer zu abweichendem Verhalten, Aggression, Normverletzungen, ungenügender Identifikation und Solidarität mit der Gastgesellschaft in Form von offensiver Abgrenzung sowie zur Überidentifikation mit der Immigrantengruppe. Ein solches Verhalten von Zuwanderern ruft wiederum anormale Gegenreaktionen bei Mitgliedern der aufnehmenden Gesellschaft hervor, die zur Fremdenfeindlichkeit führen können.
7. Der ständige Kontakt mit fremden Kulturen wird für sensible Menschen unerträglich und stellt eine große, subjektiv begründete Belastung dar.
8. Der Ausländerzustrom führt zu steigenden Verwaltungskosten und belastet das Budget.
9. Es wird ein unkontrollierbares Konfliktpotential zwischen verschiedenen Volksgruppen aufgebaut. Bürgerkriege in Sri Lanka, in Südslawien, in Somalia, im Libanon und den Nachfolgestaaten der Sowjetunion zeigen, wie leicht in Notlagen Konflikte zwischen verschiedenen Kulturen, Völkern, Religionsgemeinschaften und sonstigen Gruppierungen ausbrechen können.
10. Die für die Betreuung von Zuwanderern ausgegebenen Mittel könnten zur Realisierung humanitärer und sonstiger Entwicklungsziele in vielen Fällen effizienter verwendet werden.

Zuwanderung und optimale Bevölkerung

Neben den positiven Effekten der Zuwanderung sind auch alle negativen Erscheinungen zu berücksichtigen, denn sie wirken auf die Zielvorstellungen der Staatsbürger und beeinflussen damit deren

Einstellung zur Zuwanderung. Da durch die Zuwanderung die Umwelt der Staatsbürger direkt verändert wird, kann die Wohlfahrt des einzelnen als von der Anzahl der Zuwanderer abhängige Variable angesehen werden. Man kann auch grundsätzlich davon ausgehen, daß die Bereitschaft, Zuwanderer aufzunehmen, von der Anzahl der Zuwanderer abhängt.

Zur Erklärung dieses Zusammenhanges bieten sich das Konzept der optimalen Zuwanderungsrate und jenes der optimalen Bevölkerung an.

Positive und negative Effekte können von den einzelnen Staatsbürgern individuell gewichtet werden; sie ergeben eine Resultierende, von deren Größe es abhängt, wie der einzelne Staatsbürger zur Zuwanderung steht. Wäre eine Quantifizierung der Wohlfahrtsbeeinflussung möglich, dann könnte ein einfacher Indikator, der einen weitgefaßten Wohlfahrtsbegriff verkörpert, verwendet werden. Wegen der Unmöglichkeit der kardinalen Nutzenmessung sind wir gezwungen, auf meßbare Größen und die ordinale Nutzenmessung durch Individuen auszuweichen. Zur Erklärung der Zusammenhänge eignen sich die vorgeschlagenen Konzepte aber sehr wohl, wenn sie nur entsprechend kritisch gesehen werden.

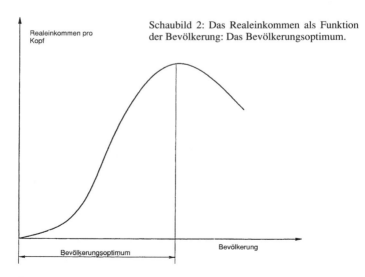

Schaubild 2: Das Realeinkommen als Funktion der Bevölkerung: Das Bevölkerungsoptimum.

Das Bevölkerungsoptimum soll mit Hilfe einer graphischen Darstellung erklärt werden. Im Schaubild 2 wird auf der Ordinate das Realeinkommen pro Kopf der Bevölkerung aufgetragen. Die Abszisse zeigt vom Ursprung aus die Bevölkerung eines fiktiven Einwanderungslandes. Für diese Bevölkerung sind eine bestimmte Ausstattung mit Grund und Boden, eine bestimmte Infrastruktur und ein bestimmter Kapitalstock gegeben. Die Bevölkerung kann durch natürliches Wachstum oder Zuwanderung erhöht werden.

Geht man von einer sehr geringen Bevölkerung aus, dann kann dieser ein bestimmtes Realeinkommen pro Kopf zugeordnet werden, das sich bei Vollauslastung der Faktorausstattung erzielen läßt. Wächst die Bevölkerung, dann steigt das Realeinkommen unter bestimmten Bedingungen – die hier nicht behandelt werden können – zuerst über- und dann unterproportional zur Bevölkerung, bis ein Maximum erreicht wird. Nach diesem Maximum sinkt das Realeinkommen.

Wenn ein maximales Realeinkommen pro Kopf der Bevölkerung als Ziel angestrebt wird, dann kann die Bevölkerung, bei der dieses Maximum erreicht wird, als optimale Bevölkerung bezeichnet werden.

Die Existenz eines solchen Optimums ist leicht nachweisbar, seine Bestimmung aber schwierig. Als Denkaufgabe stelle man sich vor, Österreich würde nur von 10.000 Menschen bewohnt, und es gäbe keine internationale Arbeitsteilung mit Außenhandel. Diese Bevölkerung könnte sich nicht viel von den gewohnten Errungenschaften leisten: keine Eisenbahn, kein Elektrizitätswerk, kein Stahlwerk, keine Maschinenfabrik, kein Auto, buchstäblich nichts. Man würde nur ums Überleben kämpfen. Erst eine bestimmte Bevölkerungszahl erlaubt uns, über die Arbeitsteilung und andere Organisationsformen der Gesellschaft zu einem immer höheren Wohlstand zu kommen. Stellen wir uns ferner vor, Österreich würde beispielsweise von 20 Millionen Menschen bewohnt, oder sogar von 50 Millionen. Ob es uns dann sehr gut gehen würde? Sicher ist, daß es für jeden eine Zahl gibt, bei der er sich vorstellen kann, daß es uns schlechter gehen muß als jetzt.

Auch jene Ziele, die irgendjemand durch Zuwanderung erreichen will, hängen normalerweise von der Zahl der Bevölkerung (Kernbevölkerung plus Zuwanderer) ab. Es gibt somit auch für jedes Ziel eine optimale Bevölkerung.

Im Schaubild 2 könnte das Realeinkommen pro Kopf durch die

verschiedensten Indikatoren ersetzt werden. Durch solche Indikatoren könnte man das Wohlbehagen, das Wohlbefinden und andere Zustände ausdrücken, die weit über rein materielle Inhalte hinausgehen. Es sind komplexe Indikatoren, aber sie sind vorstellbar und operational. Wenn wir sie jedoch nicht akzeptieren, dann können wir uns mit dem eingangs vorgeschlagenen Realeinkommen, dividiert durch die gesamte Bevölkerungszahl, begnügen.

Nach den bisherigen Ausführungen gibt es einen Bereich, in dem sich die Zuwanderung von Ausländern auf bestimmte Ziele positiv auswirkt. (Hier würde sich aber das natürliche Wachstum der eigenen Bevölkerung noch günstiger auswirken!) Das ist der Bereich, der unter dem Bevölkerungsoptimum liegt. Wenn die Zuwanderung über diesen Bereich hinaus anhält, dann wird der Wohlstand wieder sinken. Das ist ein ganz einfacher Zusammenhang. Trotzdem gibt es Menschen, die ihn nicht zulassen wollen.

Auch die verschiedenen Zusammenhänge zwischen Einwohnerzahlen, Migration, Migrationsdruck und Wohlfahrt lassen sich durch ein Schaubild anschaulich darstellen.

Im Schaubild 3 wird auf der Ordinate wieder das Realeinkommen pro Kopf der Bevölkerung aufgetragen. Es könnte aber auch hier ein anderer Indikator verwendet werden. Möglich wären: Wohlfahrt, ein komplexer Wohlstandsindikator und andere.

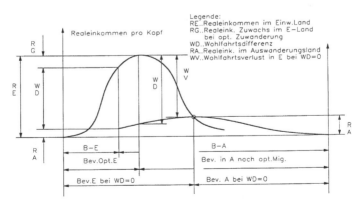

Schaubild 3: Bevölkerungsoptimum, Wohlfahrtsdifferenz, Wohlfahrtsgewinn, Wohlfahrtsverlust und Abbau des Migrationsdruckes bei Migration

Auf der Abszisse wird vom linken Ursprung aus die Bevölkerung eines fiktiven Einwanderungslandes aufgetragen. Daran schließt die Bevölkerung eines fiktiven Auswanderungslandes an. Diese wird vom dazugehörigen rechten Ursprung aus aufgetragen und im Punkt G von der des Einwanderungslandes abgegrenzt.

Für beide Länder gibt es ein Bevölkerungsoptimum. Es wird angenommen, daß das Einwanderungsland über ein hohes Realeinkommen pro Kopf verfügt und es sich beim Auswanderungsland um ein solches handelt, dessen Realeinkommen pro Kopf aus nicht zu präzisierenden Gründen sehr niedrig ist.

Bei gegebener Gesamtbevölkerung kann angenommen werden, daß die Abgrenzung der beiden Bevölkerungen links oder rechts des Bevölkerungsoptimums des Einwanderungslandes läge.

Liegt die tatsächliche Bevölkerungszahl des Einwanderungslandes unter der Optimalbevölkerungszahl, dann herrscht folgender Zustand:

Zwischen Ein- und Auswanderungsland besteht ein großes Wohlfahrtsgefälle, welches sehr unterschiedlich definiert werden kann. Daraus ergibt sich der Migrationsdruck. Im Einwanderungsland könnte durch Hereinnahme von Zuwanderern ein Wohlfahrtsgewinn erzielt werden, der bis zum Erreichen des Maximums bei der optimalen Bevölkerung realisierbar ist. Das Auswanderungsland hingegen dürfte eine tendenzielle Wohlfahrtssteigerung durch Abwanderung erwarten können.

Findet die Migration statt, dann ergeben sich folgende Veränderungen:

Das Einwanderungsland erfährt eine Wohlfahrtssteigerung, bis das Bevölkerungsoptimum (Zuwanderungsoptimum) erreicht ist. Würde die Zuwanderung über das Optimum hinaus fortgesetzt werden, fiele die Wohlfahrt wieder ab. (Wohlfahrtsverlust im Einwanderungsland.) Das Wohlfahrtsgefälle würde sich vor dem Optimum nur dann verringern, wenn der Wohlfahrtsgewinn durch Migration im Auswanderungsland stärker stiege als im Einwanderungsland. Nach dem Überschreiten des Optimums im Einwanderungsland würde das Wohlfahrtsgefälle abnehmen. Es käme zu einer Angleichung nach unten.

Im Auswanderungsland steigt die Wohlfahrt nur tendenziell. Zu einer spürbaren Wohlfahrtssteigerung käme es nur, wenn ein entsprechend großer Teil der Bevölkerung abwanderte. Dabei wäre noch zu berücksichtigen, daß normalerweise hauptsächlich leistungsfähige Menschen zur Migration neigen, die dann im Auswanderungsland als leistungsfähige Produzenten fehlen. Es dürfte sich somit die Situation ergeben, daß ein schwacher Wohlfahrtsgewinn im Auswanderungsland nur durch einen starken Wohlfahrtsverlust im Einwanderungsland erreicht werden kann.

Grundsätzlich zeigt das Schaubild, daß die Wanderung ohne Hemmnisse tendenziell so weit und so lange erfolgt, bis im Einwanderungsland der Wohlstand auf das Niveau des Auswanderungslandes abgesunken ist. Dann wäre der Wohlstand in beiden Volkswirtschaften gleich hoch. Es wäre kein Migrationsdruck mehr da, und die Migration käme zum Stillstand. Als Ergebnis bliebe nur noch eine multikulturelle Gesellschaft. Dabei ist es den einzelnen Staatsbürgern überlassen, diese als Gewinn oder Übel anzusehen.

Die Grundziele der Gesellschaft, Zuwanderung und die Verantwortung von Regierung und Parlament

Man gewinnt den Eindruck, daß Zuwanderung in Österreich kein Gegenstand klar definierter Migrations- oder Bevölkerungspolitik ist, sondern die Resultierende verschiedenster Einflußnahmen von allen möglichen Interessengruppen. Damit kommt es zu einer offenbaren Verletzung von Grundzielen der Gesellschaft. Regierung und Parlament müßten aber dafür sorgen, daß diese Grundziele, über die es einen eindeutigen Konsens gibt, gesichert werden.

1. Rationalität der Bevölkerungspolitik

Es ist ein Grundziel der Gesellschaft, daß Politik rational geführt wird. Wenn man die Migrationspolitik in Österreich betrachtet, dann fällt es schwer, anzunehmen, daß das Prinzip der Rationalität angewendet wird, denn man sagt dem Österreicher nicht klar, welche Ziele die Migrationspolitik wirklich verfolgt und welche Wirkungen sie wahrscheinlich haben wird. Man wirbt nur. Und Werbung ist in diesem Zusammenhang sehr schlecht. Es wäre viel besser, den Staatsbürger aufzuklären und an der Entscheidung über eine so wichtige und für die Zukunft bedeutende Frage zu beteiligen. Nur die Staatsbürger selbst können für die Folgen der Einwanderungspolitik die Verantwortung tragen.

2. Fortschritt

Gerade im sozialen Bereich wird durch eine unkontrollierte Zuwanderung der Fortschritt nicht nur verlangsamt, sondern ein beträchtlicher Rückschritt bewirkt. Es hat in Österreich fast keine Wohnungsnot mehr gegeben, jetzt haben wir sie wieder. Die Zuwanderer wohnen teilweise in Behausungen, die in einem Wohlfahrtsstaat schon aus hygienischen Gründen unzumutbar sind.

Sie verdrängen aber auch arme Österreicher aus noch annehmbaren Wohnungen in Substandardwohnungen.

Auch die Armut konnte in Österreich weitgehend überwunden werden. Sogar die ärmste Schicht hatte einen Lebensstandard erreicht, der als menschenwürdig angesehen werden konnte. Wir sind dabei, dieses Niveau wieder zu verlieren. Mit der unkontrollierten Einwanderung ist ein sozialer Rückschritt verbunden.

3. Sicherheit

Es ist bekannt, daß die Kriminalität in Österreich in den letzten Jahren stark angestiegen ist. Es ist ferner bekannt, daß sie bei den Zuwanderern ohne Arbeitsplatz besonders hoch ist. Es stellt sich die einfache Frage, ob überhaupt irgendein Vorteil auch nur einen Mord rechtfertigen kann, der durch Ausländer an einem Österreicher oder Touristen in Österreich begangen wurde.

Der Streit um die Zuwanderung bedroht außerdem direkt den inneren Frieden im Lande. Statt eine demokratische Lösung zu akzeptieren, versucht eine Minorität von „Intellektuellen", angeblichen Mitgliedern der katholischen und protestantischen Kirche und angeblich linken Politikern und Jounalisten, einen Keil zwischen jene Österreicher zu treiben, die friedlich für oder gegen vermehrte Zuwanderung sind. Redliche Staatsbürger werden der Fremdenfeindlichkeit und des Fremdenhasses bezichtigt, obwohl sie nur von ihrem demokratischen Recht Gebrauch machen, die wilde Zuwanderung mit ihren Folgen unter Kontrolle bringen zu wollen. Der dialektische Materialismus, der den Zweck hat, den Leuten irgend etwas als Wahrheit vorzusetzen, wird wieder vermehrt praktiziert, obwohl er scheinbar mit dem Stalinismus untergegangen war. Die innere Sicherheit ist eindeutig gefährdet.

4. Freiheit und Gerechtigkeit

Auch die Grundziele Freiheit und Gerechtigkeit sind gefährdet, wenn der Bürger nicht mehr wirklich frei wählen und seine Meinung frei äußern kann. Sie sind gefährdet, wenn Wohnungen Ausländern zugeteilt werden, obwohl Österreicher sie auch dringend bräuchten. Auch die beabsichtigte Gleichstellung von Österreichern und Zuwanderern wird als ungerecht empfunden. Was würde wohl am Golfplatz geschehen, wenn Nichtmitglieder ohne Bezahlung der Mitgliedsgebühren die gleichen Rechte forderten, die sonst nur Mitgliedern zustehen?

5. Demokratie

Die Demokratie ruht auf den Säulen Sicherheit, Freiheit und Gerechtigkeit. Sie braucht ein Fundament, bestehend aus Rationalität und Fortschritt. Wenn diese Ziele nicht verteidigt werden, kommt auch sie ins Schwanken. Der Weg zum totalitären Regime ist dann nicht mehr weit. Die Volksvertreter sind es ihren Wählern schuldig, deren Interessen zu wahren, sie über ihre Absichten zu informieren und wichtige Fragen – und die Zuwanderung ist eine sehr bedeutende Angelegenheit – nicht unter der Tuchent zu behandeln.

Zusammenfassung

Abschließend soll versucht werden, dem komplexen Problem der Migration in Form von Lösungsvorschlägen näher zu kommen. Ohne jede Emotion muß zur Kenntnis gebracht werden, daß ein starker Migrationsdruck gegeben ist. Dieser besteht nicht nur in Österreich, sondern in vielen anderen Ländern genauso. Um diesem Migrationsdruck begegnen zu können, brauchen wir einen Filter. Wir müssen klar überlegen, welche Vor- und Nachteile die Einwanderung mit sich bringt. Dabei muß eindeutig nach Kategorien von Einwanderern unterschieden werden. Es ist überhaupt notwendig, eine transparente Bevölkerungspolitik zu betreiben.

Zuerst sind eine positive Einstellung zur eigenen Bevölkerung und eine aktive, familienfreundliche Politik notwendig. Diese Einstellung scheint bei vielen Politikern zu fehlen.

Dann ist eine Entwicklungspolitik im Einwanderungsland und in den potentiellen Auswanderungsländern notwendig. Wir müssen uns eine gewisse Vorstellung davon machen, wohin eigentlich die Entwicklung führen kann und wird.

Es muß eine Kulturpolitik formuliert und für die Bevölkerung transparent dargestellt werden. Erst aus einer Kulturpolitik, die von den Wählern durchschaut und akzeptiert wird, können Leitsätze, politische Entscheidungen usw. abgeleitet werden, die dann auf die Migrationspolitik anzuwenden sind.

Nach diesen Schritten kommt man zur kontrollierten Zuwanderung. Es wird nur so Ausländerfeindlichkeit langfristig wirklich verhindert und der soziale Frieden gesichert werden können. Auch die multikulturelle Gesellschaft darf den Bürgern einer Demokratie nicht aufgezwungen werden. Bevölkerungsfragen sind derart wichtig, daß sie nur von der Bevölkerung selbst entschieden werden können.

Literatur

1) Hoffmann-Nowotny, Hans Joachim: Weltbevölkerung und Weltmigration. Eine zukunftsorientierte Analyse. In: Das Flüchtlingsproblem – eine Zeitbombe? Schweizerisches Institut für Auslandforschung. Verlag Rüegger AG – Chur/Zürich 1991, S. 76 f.

2) Mertens, Heide: Das Bevölkerungsproblem als Indikator ungleichgewichtiger Entwicklung. In: Handbuch der Dritten Welt. Hrsg.: Dieter Nohlen und Franz Nuscheler. Bd. 1, Grundprobleme, Theorien, Strategien. Verlag J. H. W. Dietz Nachf., Bonn 1992, S. 185.

3) Vgl.: Feithen, Rosemarie: Arbeitskräftewanderungen in der Europäischen Gemeinschaft. Bestimmungsgründe und regionalpolitische Implikationen. Campus Verlag, Frankfurt/New York 1985, S. 57.
Beshers, J.M.: Population Process in Social Systems. New York/London 1976. S. 23 ff.

4) Hoffmann-Nowotny, Hans Joachim: w. o., S. 84.

5) Ebenda.

„WIR STEHEN AM BEGINN EINER VÖLKERWANDERUNG..."

Gespräch mit Prof. Otto Koenig

Wenn ich ökologische Störungen beseitigen will, muß ich den Verursacher finden und untersuchen. Nun ist wohl der Mensch der Hauptschuldige an allen Problemen auf unserer Erde. Das heißt, ich muß ihn besser kennenlernen, um herauszufinden, aus welchem Grund es soweit kommen konnte.

Wir haben uns in unserem Institut sehr viel mit dem Menschen beschäftigt und die Kulturethologie begründet. Wir haben kulturelle Phänomene mit den Methoden der Ethologie untersucht, und dies hat uns einiges an neuen Erkenntnissen beschert.

Die Frage der Identität und Zuwanderung ist eine äußerst vielschichtige. Vorweg einmal: Jedes Lebewesen legt großen Wert darauf, daß zwischen ihm und seinesgleichen die „gesetzlich vorgeschriebene" Individualdistanz eingehalten wird. Sie sehen es bei den Tieren: die Möwen z. B. brauchen einen gewissen Abstand zum Artgenossen. Genau das gleiche Phänomen findet man beim Menschen. Sie können zwar in der U-Bahn oder sonstwo Leute dicht gedrängt stehen sehen, sobald es lichter wird, drängen sie jedoch auseinander. Wenn Sie in einen U-Bahnwaggon einsteigen, und es sind nur einige wenige Leute drinnen, so werden Sie sehen, daß alle gleichmäßig verteilt sitzen und daß jeder seinen „Freiraum" um sich hat. Das ist eine Grundbedingung: daß jeder Mensch ein Niemandsland um sich braucht – Niemandsland ist schlecht gesagt –, einen Bereich, der ihm gehört und wo andere nicht hineinkönnen. Das ist ja auch das Problem des Autos: jeder Fahrer hat hier sein Territorium, und niemand kann eindringen. Es ist nicht nur schneller und bequemer, mit dem Auto irgendwohin zu kommen, sondern es ist einfach auch die territoriale Frage. Denn in der U-Bahn habe ich kein Territorium – und der Mensch ist territorial.

Das geht schon aus der Funktionsverteilung zwischen Mann und Frau hervor: das Wort „Mann" geht etymologisch auf den germanischen Stammvater zurück und heißt eigentlich „Mensch". Das bedeutet: nach dem, der die Gruppe nach außen hin vertritt, wird die gesamte Gruppe benannt. Der Mann vertritt nach außen hin, die Frau ist drinnen im Zentrum, wird nicht nach außen gestellt und immer geschützt. Daher kommt es, daß der Mann die starke Tendenz hat, Kleidung, Sitten und Gebräuche auch von außen zu übernehmen. So kann er einerseits Merkmale, die ihn vom Nachbarn unterscheiden, sichtbar machen, andererseits aber auch die Gleichwertigkeit zum Ausdruck bringen. Der Besiegte übernimmt sehr oft Elemente der Trachten bzw. der Uniformen des Siegers. Die Frau hingegen behält ihre traditionelle Tracht über lange Zeit bei, die Mode ist eine „stammesinterne" Angelegenheit.

Auch die Worte „Friede", „Freiheit" machen das deutlich, sie hängen mit „Einfriedung" zusammen. Friede herrscht innerhalb der Grenze, innerhalb des Territoriums, hier herrscht auch Freiheit. Was draußen geschieht, hat damit nichts zu tun. Den ökologischen Strukturen nach unterscheidet sich auch die Bezeichnung für die Grenze. Grenze, slawisch „Graniza", ist das Dornenverhau. Ich muß, wenn ich aus der Steppe komme und keine Grenzen habe, irgendwelche Verhaue anlegen. Der Eiserne Vorhang ist eine östliche Einführung, aus der Steppe kommend, während es im deutschen Raum ja „Mark" heißt, „markierender Eckpunkt", weil ich Strukturen habe und sagen kann: von diesem Punkt zu jenem. Sie sehen also schon in den Grundlagen von Politik und Selbstverteidigung überall den ökologischen Faktor.

Wenn man nun beginnt, Grenzen zu überschreiten, diese Reviere aufzulösen, so kommt es zu Konflikten, das ist ganz klar. Die Problematik liegt vor allem einmal darin, daß sich der Mensch zu einem Massenlebewesen vermehrt hat. Als ich in die Schule ging, gab es $1^1/_2$ Milliarden Menschen auf der Welt, heute sind es $5^1/_2$ Milliarden, im Jahr 2000 9 Milliarden, und 2020 werden wir, wenn es in dieser Art weitergeht, an die 20 Milliarden sein. Die Welt können Sie aber nicht aufblasen, sie kann nicht größer werden. Infolgedessen muß es zu riesigen Hungersnöten kommen, zu Katastrophen und zu Seuchen, zu einem Absterben großer Teile der Menschheit, und das setzt sich heute bereits langsam in Gang. Die Völkerwanderung begann ja nicht im Jahr 375, als die Hunnen gekommen sind, sondern schon Jahrhunderte zuvor mit einer Infiltration von Germanen, von östlichen Völkern in das Römische Reich. Sie sahen dort die besseren wirtschaftlichen Möglichkeiten, ihnen ging es in ihrer Heimat schlechter. Sie zogen nach Italien und haben verschiedene Dienste übernommen. Es war genauso eine Situation, wie wir sie heute haben. Und es wurden damals immer mehr und mehr; der Wohlstand des Römischen Reiches hatte die Leute angelockt. Danach erst kam der starke Druck von Osten, und es setzte die „Völkerwanderung" ein. Sie hat sich aber schon lange zuvor durch das langsame Eindringen von Grenzbewohnern angekündigt, die gesehen haben, wie gut es den anderen in Rom geht. Das zieht natürlich immer mehr Menschen an, einer kommt herüber, und dann kommt die Familie nach.

– Also, die Geschichte wiederholt sich...

Die Geschichte wiederholt sich auf einer höheren Ebene, einer komplizierteren Ebene, das heißt, wir stehen im Grunde genommen am Beginn einer Völkerwanderung. Denn es braucht ja nur in Rußland jeder einen Paß zu bekommen und frei reisen zu können – schon jetzt wurde vorausgesagt, daß Millionen Russen herüberkommen und Europa überschwemmen würden. Je mehr Ausländer hereinkommen, desto selbständiger und selbstsicherer werden sie. Der einzelne Ausländer – der erste, der kommt – ist natürlich freundlich und höflich und wird akzeptiert. Er wird als herzig, als Pflegling, als Hilfsbedürftiger gewertet. Sowie es mehr sind, wird die Geschichte unangenehm, denn jetzt benimmt sich der Fremde wie in seiner Heimat. Er nimmt nicht mehr von uns an, sondern trägt seine Sitten herein. Genau das aber führt unweigerlich zur Konfrontation, und wenn man da von Liebe und Verständnis und weiß Gott was spricht, ist das lauter Unsinn. Die Bevölkerung denkt vollkommen anders. Jeder sagt heute schon: „Um Gottes willen, die Ausländer!"

– Gibt es nicht Ausländer und Ausländer? Solche, die uns kulturell näherstehen und andere, die uns ganz ferne sind?

Ja, gewiß gibt es hier Abstufungen, aber Sie müssen bedenken, daß es die auch bei uns gibt. Es existiert ein Gefälle in Richtung Osten, und zwischen Städter und Landbewohner bestehen auch große Unterschiede, obwohl diese bei uns langsam verschwinden. Genauso ist es ein Unterschied, ob dieser Ausländer, von dem wir ja im Grunde genommen nichts wissen, vom Land oder aus der Stadt kommt. Bei einem Jugoslawen können wir aufs erste nicht unterscheiden, ob er irgendwo aus dem Balkangebirge kommt, aus primitivsten Verhältnissen, oder aus einer Stadt. Und so benimmt sich der eine ganz brauchbar und der andere völlig anders. Es besteht aber vor allem einmal die Tendenz, die eigene Sprache zu sprechen. Ich lerne nicht die Sprache des ansässigen Volkes, wenn ich genügend Gesprächspartner in der eigenen Sprache habe, und das reizt den Einheimischen hier natürlich, weil er sich fragt: „Was geschieht da, was tun die, was reden die, warum distanzieren sich die, geschieht da etwas Geheimnisvolles?" Es wird unangenehm. Das können Sie nicht vermeiden, da der Mensch eben ein territoriales Lebewesen ist, das seinen Bereich braucht, und innerhalb dieses Bereiches herrschen sein Friede, seine Freiheit. Und jetzt werden diese Territorien zusammengeschoben, werden von anderen überlagert, und das führt zwangsläufig zu Konflikten. Jeder, der von Liebe, Hilfe und Verständnis spricht, redet ausgesprochenen Unsinn. Der Mensch ist ein biologisches Lebewesen, das seine Anforderungen an die Umwelt stellt. Und diese Anforderungen sind heute eben nicht mehr erfüllbar. Natürlich ist es sehr lustig, wenn es in Wien so und soviele chinesische und jugoslawische Restaurants gibt ...

– *...und keine Wiener Beisln mehr...*

Keine Wiener Beisln mehr... Das wird den Leuten mit der Zeit ebenfalls lästig. Alle diese Erscheinungen werden mit der Zeit lästig, weil man eben territorial ist. Daher muß das zu Konflikten führen, die sich wie in Deutschland völlig radikalisieren können. Wozu noch eines kommt: Es ist ja auch eine Erziehungsfrage auf unserer Seite. Wir haben nicht mehr die alte Familie mit ihrer Nestwärme, in der die Mutter zu Hause bleibt und der Vater draußen arbeitet und das Geld heimbringt; wo die Mutter Hausfrau ist – Hausfrau ist ja ein überaus vielseitiger Beruf. Sie muß wissen, wo sie am Markt kauft, was sie kauft, wie sie die Speisenfolge zusammenstellt, wie man die Speisen zubereitet und wie man kocht. Sie muß wissen, wie man die Kinder aufzieht, sie kann heilen, heilbehandeln. Wenn der Mann krank nach Hause kommt, muß sie auch für ihn sorgen. Sie muß alles sauberhalten – eine Fülle von Dingen, die gelernt werden müssen. Das wird ja heute völlig übersehen in einer Zeit, in der man immer Konserven kaufen kann.

Auch das Kind braucht die Nestwärme bei der Mutter, und wenn es die nicht hat, wenn wir die Mutter in die Arbeit und das Kind in eine Kinderkrippe schicken, wo eine Tante oder Schwester zehn Kinder betreut, so fühlt es sich vernachlässigt. Denn jedes Kind braucht eine Mutter oder zumindest seine Geschwister, die es genau kennt. Und hier sind plötzlich lauter Fremde, und die „Schwester" kann sich nicht um jeden kümmern. So entstehen „Allerweltskinder", die gegen jeden freundlich sind, immer nett, die schauen, daß sie etwas bekommen, daß sie sich durchsetzen usw., die aber keine Beziehung zu einem festen Heim haben, weil sie tagsüber im Hort sind und nur zum Schlafen nach Hause gehen.

Während das Kind, das im Rahmen der Familie lebt – das beste ist eine Großfamilie, noch mit der Großmutter, wie es beim Menschen ja biologisch vorgesehen ist –, gesichert aufwächst, wird das andere zum psychologischen Allerweltsbürger, der auch die Umgangsformen nicht beherrscht. Im Kindergarten muß sich das Kind durchsetzen, doch zu Hause kommt die Mutter und sagt „Du, nimm den Ball nicht weg, du hast deinen eigenen" usw. Im Kinderheim wird eben mit dem Ellbogen gearbeitet und weggenommen, wird geheult und geweint, und dann tröstet man die Kinder dadurch, daß man sie mit etwas anderem ablenkt. Wenn diese Jugend heranreift, wird es eine aggressive Jugend, die jetzt plötzlich in eine Welt kommt, in der man sich nicht alles nehmen kann, in der man sich anders verhalten muß; und da werden sie aggressiv, weil sie ja nichts anderes kennen. Wenn jetzt zu solchen Kindern, zu so einer Jugend Ausländer dazukommen, also sozusagen „fremde Kinder" ins eigene Heim, die einem etwas wegnehmen könnten und ja auch etwas wegnehmen – sie nehmen den Platz in der U-Bahn weg, sie nehmen den Platz draußen im Park auf der Bank weg –, dann wächst die Aggressivität gegen die Fremden. Das ist eine Erziehungsfrage, und Sie haben es daher im alten Ostdeutschland besonders stark, weil man dort das Kind der Familie entziehen wollte und es kollektiv erzogen hat. Und heute hat man eine wahnsinnig aggressive Jugend, die keine Beziehung zu einer Heimat kennt, die einfach sagt: „Das geht eben nicht, das ist uns ganz egal, das hauen wir zusammen." Und damit entsteht eine starke Aggressivität, eine überstarke Aggressivität gegen Ausländer.

– Aber irgendwo gibt es ja einen indirekten Zusammenhang mit der Einwanderung, denn hätten wir genügend Kinder, würden wir die Fremden ja nicht so ohneweiters hereinlassen…

Wir haben ja überall gegen das Kind propagiert. Es gibt im Grunde genommen für eine Frau nichts Schöneres, als ein Kind aufzuziehen und von Anfang an mitzuerleben, wie es heranwächst. Aber wir haben ihr eingeredet, daß sie in den Betrieb gehen muß, daß sie Fabriksarbeiterin oder Sekretärin werden muß, daß sie dem Mann gleichgestellt werden muß.

– Hausfrauen sind nur dumme Trampel, nicht?

Ja, genau – und das ist ja nicht wahr! Schauen Sie, ich war bei schulpsychologischen Tagungen, und dort wird immer wieder beklagt: „Die Mädchen sind von der Schule ferngehalten worden, sie sind nicht in die Schule geschickt worden, jetzt erst sind die Mädchen gezwungen, in die Schule zu kommen." Aber bedenken Sie, das Mädchen hat ihre Schule bei der Mutter, es muß meist viel mehr lernen als der Bub. Ich greife jetzt einmal hundert Jahre zurück: Was hat ein Mädchen davon, wenn es lesen, schreiben und rechnen kann? Es muß ganz andere Dinge können: Am Markt gute von schlechten Sachen unterscheiden, ungefähr die Preise wissen, wieviel man wofür zu zahlen hat; es muß wissen, wie man etwas zubereitet, wie man etwas aufbewahrt. Wenn eine Hausfrau, wie es früher auch in der Stadt üblich war, zu Hause Hühner und ein Schwein gehalten hat, mußte sie die Tiere betreuen. Denken Sie zurück ans Mittelalter, wo die Frauen noch Heilkräuter gesammelt haben! Welches Wissen da dahintersteckt – die werde ich doch nicht mit Lesen und Schreiben belasten! Aber wir gehen immer stur davon aus, daß alle gleich sein müssen. Die Menschen sind nicht gleich. Sie sind gleichwertig, aber nicht gleichartig, und dies wird leider nie verstanden. Gleich ist gleich, gleiche Rechte, gleiche Pflichten für alle, und die Frau ist eben anders geartet – Gott sei Dank! – als der Mann. Der Mann kann sich heute außerdem ja auch nicht verwirklichen. Er ist eigentlich der Außenverteidiger, sitzt aber im Büro und schreibt und hat überhaupt nichts mehr mit der Außenverteidigung zu tun. Dann geht er irgendwohin in ein Fitneßcenter trainieren oder betreibt einen Kampfsport. Es ist auch kein Wunder, daß der Fußball so gigantische Ausmaße erreicht hat – in jeder Beziehung, sowohl wirtschaftlich als auch hinsichtlich seines Stellenwertes im Staat. Es ist der Kampf zweier Kleingruppen, 11 gegen 11, und ein bewegter Ball ist die Jagdattrappe, eine Kriegsattrappe, wie sie im Buche steht. Da fallen natürlich alle drauf rein, die Männer in erster Linie, Frauen nur sekundär. Die Politiker verstehen nicht, daß die Menschheit vorwiegend von Attrappen lebt. Ein Attrappendasein, bei dem auch das Fernsehen eine Rolle spielt. Da sehe ich die heile Familie, da sehe ich Wohlstand und Frieden, es ist alles in Ordnung. Oder ich sehe den Krieg, den Kampf, die Verteidigung, den Detektiv, der den Bösen sucht, usw. Das sind lauter Primitivschemata, die da im Fernsehen geboten werden. Außerdem sehe ich etwas Bewegtes, das den Jäger in mir wieder anspricht. Schlimm wirkt es sich auf die Kinder aus, die von der Mutter nicht beschäftigt werden. Was haben Mütter früher nicht alles getan? Papier ausgeschnitten, Pferdchen daraus gemacht, Klebearbeiten und weiß Gott was alles, auch Flechtarbeiten. Die Kinder waren beschäftigt und haben Freude gehabt. Heute werden sie nicht beschäftigt, da niemand zu Hause ist. Sie sitzen vor dem Fernsehapparat, und die Sendungen, die sie sehen, sind nicht für Kinder geeignet.

Früher hat man die Kinder vom Erwachsenenleben ferngehalten, man hat sie nicht einbezogen. Heute kriegen sie aus der Zeitung alles mit, selbst die größten Brutalitäten. Natürlich halten sie das für richtig – so ist die Welt – und verhalten sich dementsprechend. Schon die Werbung geht auf die Psyche der Kinder ein. Sie bringt nämlich einfache Reime, einfache Rhythmen, die die Kinder rasch auswendig lernen und zu den Eltern dann sagen können: „Ich ess' nur das!" Sie werden in dieser Beziehung von der Werbung absolut mißbraucht, und das erkennt die Politik nicht!

– Oder sie will es nicht erkennen...

Weil sie nichts dagegen machen kann. Was soll sie denn auch tun? Es gibt heute eben 5 1/2 Milliarden Menschen auf der Welt, und wir haben Industrie und die Technik, und wir haben Autos, und jeder will Auto fahren. Und Sie können das Fahren nicht verbieten, obwohl wir wissen, daß zwei Drittel der Autos weggehören, damit der Mensch gesund bleibt. Heute wird er überall frustriert, rundherum, und dann wundert man sich, wenn er Fehlleistungen setzt.

– Man kann das Autofahren nicht verbieten, aber verleiden...

Wissen Sie, das geht halt sehr, sehr langsam, und es müßte sehr rasch gehen. Die Jahresdurchschnittstemperatur hat sich um einen halben Grad erhöht. Wenn sie sich um 2 Grad erhöht – und das wird bald der Fall sein –, tauen Ihnen auch alle polaren Gletscher ab. Die Meere steigen um 4–8 Meter, aber wenn sie nur um 2 Meter steigen, sind alle Küstenstädte überflutet, und große Teile Hollands stehen unter Wasser. Dann beginnt eine gigantische Völkerwanderung.

Sie müssen sich vorstellen, was passiert, wenn es zu einer Klimaverschiebung kommt. Dann verlagert sich der gesamte Getreidebau nach Norden. Dort aber sind die Gegenden nicht urbar gemacht, und die Oberfläche der Erdkugel wird ja nach oben hin kleiner als am Äquator. Sie können daher weniger anbauen, und wie lange dauert es, bis alles so umgestellt ist, daß Sie in Sibirien Weizen anbauen können? In den Tropen können Sie dann überhaupt nicht mehr wohnen, die werden unbewohnbar, das heißt, daß auch von dort die Menschen wegziehen. Und die Schiffahrt hört sich in dem Moment auf, in dem die Gletscher abtauen, da alles voll mit Eisbergen ist. Die Klimaänderung bedeutet den totalen Zusammenbruch des gesamten vom Menschen aufgebauten Systems.

– Glauben Sie, daß das Kollektivbewußtsein – falls man davon sprechen kann – so etwas instinktiv erahnt, daß vielleicht noch ein bißchen Instinkt vorhanden ist und vieles, was heute passiert – bis hin zur Ausländerfeindlichkeit –, eine unbewußte Reaktion auf etwas darstellt, das man noch nicht bewußt weiß?

Die Menschen sind nervös. Es ist nicht nur ein Erahnen dessen, was auf uns zukommt, sondern ein Erkennen, daß sich alles verändert – doch wollen die Menschen es verdrängen. „Nach mir die Sintflut, aber ich will noch so leben, ich will mir das noch erhalten. Und ich muß meinen Kindern eine glückliche Zukunft schaffen." Infolgedessen schiebt der Mensch alles von sich und denkt nicht daran. Und in zwanzig Jahren kann es zu spät sein, das geht dann sehr rasch. Es ist wie bei einem Haus, das morsch wird. Es steht Jahre da, dann bröckelt ein bißchen Putz ab, und plötzlich bricht das Ganze in sich zusammen. Die Menschen verdrängen die Angst vor den anstehenden Problemen einfach.

Freilich besteht ein großes Unbehagen, vor allem bei der Jugend, und das versucht man dann in der Disko oder sonstwo, im Wirtshaus, mit Alkohol, mit Rauschgift zu verdrängen und zu überbrücken. Denn dieser Jugend haben wir im Grunde alles genommen, was sie braucht. Man muß vor allem eines bedenken: früher wurde man 20 bis 30 Jahre alt, ein 40jähriger galt bereits als Greis. Mit sechs Jahren beherrschen die Menschen ungefähr alles, was zu können ist, nur körperlich waren sie dazu noch nicht in der Lage. Man hat mit 16, 17, 18 geheiratet, Kinder gezeugt, hat „Staatsämter" in der Horde, in der Gruppe bekleidet, und dann ist man gestorben. Heute geht die Jugend mit 30 – und das ist die Hauptaktivitätszeit – von der Universität ab, kann sich gar nicht mehr richtig einpassen in die Ämter und wartet nur auf die Pensionierung. So haben wir eine hochaktive Jugend, die nicht zum Zug kommt und dann natürlich zum Störfaktor wird.

Wir haben der Jugend auch keine Ideale, keine Ziele gegeben. Wenn ich denke, vor dem Krieg, diese vielen Bünde – ich war Pfadfinder –, wir hatten alle Aufgaben, Ziele, haben uns dafür eingesetzt, haben dafür gekämpft, haben unsere Tracht getragen, haben uns zu Geboten bekannt. Das hat man der Jugend heute alles nicht gegeben, also hat sie sich selbst etwas geschaffen. So entstehen natürlich wilde Gruppen, weil Jugend ja vom Vorbild lebt. Das Vorbild haben wir ihnen entzogen, in der Vorstellung, daß das alles kleine Erwachsene sind. Wenn Sie im Kindergarten demokratisch abstimmen lassen, tun Sie damit den größten Unsinn, weil die Kinder das gar nicht wollen. Sie wollen jemanden haben, der ihnen sagt, was man tut. Unsere Demokraten haben alle geglaubt, man müsse Kinder vom ersten Tag an zur Demokratie erziehen, und das ist falsch. Kinder sprechen auf Diktatur, auf eine freundliche Diktatur viel besser an als auf eine Demokratie. Die Demokratie vermag auch keine Persönlichkeiten, keine Vorbilder zu bieten, weil jeder abgewählt werden kann. Und jeder kann fast alle Ämter und Positionen erreichen. Das ist an sich falsch – das will der Mensch nämlich gar nicht –, und es führt auch nicht zum Ziel. Nun haben die Jugendlichen – Punker, Rocker, Hooligans und was es alles gibt – sich selbst Gruppen geschaffen, mit einer unerhört straffen Disziplin, mit ganz harten Strafen, die bei manchen mafiosen Gruppen, in die man eingebunden ist, bis zur Tötung reichen können. Das heißt: das, was die Jugend will, wird bis ins Extrem übersteigert, weil sie eben keine richtigen Vorbilder hat.

Jetzt haben wir eine Jugend, die wahrscheinlich für die Zukunft gar nicht tauglich ist, die nur schaut: „Wie krieg' ich Geld, Auto,

Moped?", aber nicht dafür arbeiten will. Viele arbeiten immer nur ein paar Wochen und kündigen dann und beziehen wieder die „Arbeitslose". Man will ja keinen Beruf, für den man eine Berufung hat, in dem man aufgeht. Man hat einen Job und schaut, daß man sein Geld bekommt. Aber damit hat man keine Motivation für die Zukunft. Das heißt, daß wir eine Situation geschaffen haben, die völlig unmenschlich ist. Es ist nicht wahr, daß unsere Gesellschaft menschlich ist – sie ist unmenschlich, weil wir dem Menschen nicht das geben, was er tatsächlich braucht.

Die Einwanderer hingegen kommen oft noch mit der Großfamilie hierher, sie besitzen noch eine Familienzugehörigkeit. Doch diese wird hier zerstört, und gleichzeitig dominieren sie uns, die wir all das nicht mehr haben.

– Jemand hat einmal gesagt, entweder eine Kultur assimiliert andere eindringende Elemente, oder sie wird von diesen vernichtet...

Gewiß, weil Sie die Kulturen nicht vermischen können. Außerdem sind die Menschen verschieden. Ein Neger unterscheidet sich ja von uns nicht dadurch, daß er schwarz ist. Es sind nur ganz wenige „Schwarze", z.B. Sudannegger, wirklich schwarz; andere sind ganz hellhäutig. Sie unterscheiden sich aber durch eine andere Umweltanpassung, denn alle diese Tropenvölker sprechen nicht auf Vorratswirtschaft an. Es wächst ja ununterbrochen etwas Neues, da gibt es dauernd Bananen, Orangen oder sonst etwas zu ernten; ich brauche nichts aufzuheben. Und wenn ich etwas aufhebe, dann fressen es die Termiten, oder es verschimmelt. Jetzt kommen wir und bringen ihnen die Vorratswirtschaft. Doch noch immer wird jeder Traktor nur so lange gefahren, bis er zum erstenmal kaputt ist. Außerdem haben sie gelernt, daß die Europäer und die Amerikaner geben: also hält man die Hand auf. In den riesigen Flüchtlingslagern in der Sahelzone und anderswo, in denen man die hungernde Bevölkerung zusammenholt – was lernen die Kinder denn dort? Nur: „Ich hab' was zu kriegen." Die werden nie wieder arbeiten. Wir haben diese Kulturen und deren andere Grundeinstellungen restlos zerstört.

Das Skelett eines Löwen können Sie von dem eines Tigers nur sehr schwer mikroskopisch unterscheiden, einen Bergfinken von einem Buchfinken, wenn die Haut mit dem Federkleid abgezogen ist, überhaupt nicht mehr, sie sind völlig gleich. Beim Neger können Sie anhand des Skeletts sofort sagen: das ist ein Schwarzer.

Wenn Sie Europide und Negride kreuzen (bei denen es sich, zoologisch gesehen, gewiß um zwei Arten handelt), ist es schon schwierig, aber es geht noch. Auch Europide und Mongolide sind zu vertreten, aber bei einer Kreuzung von Negriden und Mongoliden gibt es eine enorm hohe Ausfallsrate, Verbrechensquote usw., da der Europide die Altform ist.

In der letzten Eiszeit haben sich die glazial eingestellten Mongoliden mit den schmalen Augen – das ist eine Art Schneebrille – und die im Pluvial im Tropenwald lebenden Negriden mit ihrer Anpassung an die feuchte Hitze abgespalten. Diese beiden Extremformen, die sich herausgebildet haben, können Sie schlecht kreuzen. Bei manchen Formen ist überhaupt eine Sperre vorhanden: eine Hottentottenfrau regt uns nicht auf, die ist so anders, daß man gar nicht darauf anspricht. Ein Mann, der lange bei den Eskimos gelebt hat, konnte diese Sperre ebenfalls bestätigen. Obwohl es leicht ist, eine Eskimofrau zu erobern – das ist überhaupt kein Problem dort –, ist es schwierig, sie als Frau zu akzeptieren.

– So gesehen, ist es Aufgabe der Politik, nur solche Leute einwandern zu lassen, von denen man sagen könnte – Modewort –, sie „bereichern" uns eben auch in dieser Hinsicht, also nur Menschen aus Nachbarstaaten etwa.

Ja, gewiß wäre das eine Aufgabe der Politik. Aber unsere Form der Demokratie setzt alle gleich – alle sind gleich, alle haben die gleichen Rechte. Das ist eben die alte Geschichte: sie sind gleichwertig, aber nicht gleichartig. Man muß also schauen, was zusammenpaßt.

Sobald Sie aber so etwas machen, schreit die internationale Politik sofort „lauter Nazi!" Der Nationalsozialismus, der Rassismus war freilich ein Wahnsinn, den lehne ich völlig ab. Diese Anschauungen waren grundfalsch, eine borniete Wissenschaft. Doch die Engländer betreiben auch Rassenforschung wie Eugenik usw. Sie sind durch ihre ehemaligen Kolonien erfahrener und verfügen auf diesem Gebiet über ein sehr großes Wissen. Österreich ist ein interessantes Land von Mischlingen slawischen und illyrischen Ursprungs. In den Tiroler Tälern haben Sie keltische Vorfahren. Das sind alles verschiedene Menschen.

Aber irgendwo in der österreichischen Politik ist immer eine Feigheit drinnen: lieber eine Nachdenkpause machen als eine Entscheidung fällen. Und so passiert bei uns nichts, und es wird alles einfach hingenommen, und wir sind gut und lieb und nett. Die gesamte Einwanderungspolitik wird bei uns wie eine Heurigenpartie betrieben, aber was bei einer Heurigenpartie möglich ist, funktioniert auf Dauer im Zusammenleben nicht.

– Wenn Sie jetzt die Situation überblicken und die Ergebnisse Ihrer Arbeiten und Forschungen zur Hand nehmen: Wie sind für Sie die Aussichten? Wie, schätzen Sie, daß es weitergehen wird?

Es gibt überhaupt keine Lösung, die etwas Besseres bringt. Es wird zu einem totalen Zusammenbruch kommen. Die Menschen müssen weniger werden. Das geht freilich nur über Katastrophen. Es können auf der Welt, nehmen wir an, 2 bis 3 Milliarden gut leben. Bei 9 Milliarden gibt es aber Katastrophen. Sie müssen sich nur vorstellen: Wenn die Russen in Massen abwandern, z.B. aus dem atomar verseuchten Tschernobyl, und so etwas kann ja anderenorts ebenfalls passieren, wohin werden diese Menschen gehen? Natürlich nach Westen, denn alle Züge, auch Vogelzüge, gehen von Nordost nach Südwest. Die Völkerwanderungswege entsprechen völlig dem Zug der Vögel. Nur: die Vögel ziehen wieder zurück, aber die Völker bleiben. Europa ist schon immer so ein Auffanggebiet für andere Völker gewesen, denn von da geht es eben nicht weiter, das ist alles. Darum haben Sie ja auch in jeder Ecke ein anderes kleines Volk. Wenn wir uns nicht auf 3 Milliarden reduzieren können, werden wir an der Masse zugrunde gehen und gleichzeitig verhungern, da wir uns nicht mehr ernähren können.

– Wir haben aber die Voraussetzungen dafür geschaffen, daß sich die Menschen vermehren können – Gesundheitsdienst, technischer Fortschritt usw...

Ja, wir haben die Lebenserwartung verlängert und das Generationsproblem gebracht. Sie müssen bedenken, daß bis ins Mittelalter herauf ein Kind seinen Vater nie als schwachen Greis, sondern immer nur als starken Mann erlebt hat. Jetzt verlängern wir die Lebenserwartung. Für den einzelnen ist das sehr schön, jeder von uns möchte länger leben und nicht früh sterben, nur in der Masse ist die Wirkung negativ.

Zweitens senken wir natürlich die Kindersterblichkeit – ebenfalls wunderschön für den einzelnen. In der Masse wird es aber zur Katastrophe. Der Arzt gilt als ein Heros der Menschheit, als ein Segen. In Wirklichkeit bringt er auf der anderen Seite alles Unheil. Was ich für den einzelnen tue, ist richtig und gut; wenn es sich in der Masse auswirkt, erfüllt es einen anderen Stellenwert und kann zur Katastrophe eben auch für den einzelnen werden.

– Bei der Einwanderungsproblematik wird ein Aspekt völlig übersehen. Angeblich sind schon zehntausende Schwarzafrikaner hier, was eigentlich niemand mehr kontrollieren kann. Sind sie Aids-Virus-Träger oder nicht? Viele kommen aus Ghana, das stark verseucht ist. Hier bahnt sich wahrscheinlich die nächste Katastrophe an...

Selbstverständlich ist das eine Katastrophe, aber da wird dann wieder von der Menschenwürde gefaselt. Wir dürfen nicht untersuchen, wir dürfen nicht registrieren, und Kontrolle ist ein Einbruch in die Intimsphäre, das darf nicht sein. Nur bei anderen Krankheiten regt sich keiner auf.

– Bei einer Veranstaltung in Wien, bei der auch der ugandische Gesundheitsminister und ein Weltgesundheitsexperte anwesend waren, bin ich der einzige gewesen, der eine unangenehme Frage gestellt hat: „Jetzt sind hunderttausende Afrikaner in Europa eingewandert... Welche Risken und Gefahren sind Ihrer Ansicht nach damit verbunden?" Da rief man im Saal sofort „Rassist, Sextourist" oder was auch immer. Wissen Sie, wie die Antwort des ugandischen Gesundheitsministers lautete? „Ach, liebe Freunde im Saal, lachen wir den Herrn nicht aus, das können wir ganz einfach erklären: Das Aids-Problem ist eine Sache von zwei Menschen." Das war die Antwort. Es ist ein Wahnsinn!

Ja, natürlich ist das ein Wahnsinn, aber es wirkt besänftigend und beruhigend. Ich lasse auch keine Geisteskranken und keine Verbrecher herein. Doch die Themen „Vermehrung" und „Völkerwanderung" sind Tabu-Bereiche, daran darf man nicht rühren.

Die Ärzte repräsentieren eine Berufsgruppe, die einerseits Segen, Glück und Gesundheit, andererseits aber Tod und Untergang bringt. Die zweiten sind die Lehrer. Denn je mehr ich weiß, desto mehr Forderungen stelle ich an meine Umwelt. „Wissen ist Macht" – das stimmt bis zu einem gewissen Grad. Aber wenn ich zuviel Wissen habe, wie heute, wo ich mittels Computern alle Daten der Welt abfragen kann, kann ich die Welt auch viel, viel schneller zerstören, als dies normalerweise der Fall wäre. Denn die Welt ist auf Lebewesen eingestellt, die mit ihren Händen und Füßen als Werkzeug arbeiten, aber nicht auf Lebewesen, die Maschinen herstellen, welche tausendfach mehr leisten als ein Mensch, aber Abgase produzieren, die die Natur nicht verarbeiten kann. Wir haben ein technisch und wirtschaftlich unerhört gescheites, raffiniertes, phantastisches System geschaffen und der Welt als Parasit aufgesetzt. Doch die Welt wird von diesem System nun ausgesaugt.

– Sie persönlich glauben nicht mehr daran, daß der Mensch es doch noch schaffen und alles zu seinen Gunsten reparieren wird. Er hat aber noch immer alles geschafft, heißt es, noch immer alles mit Erfolg zu Ende geführt. Sie glauben also, daß dem diesmal nicht so sein wird...

Nein, gewiß nicht. Weil diesmal der Mensch als Teil der Natur gegen die Natur vorgeht. Das heißt, daß er eine Krebserkrankung der Natur ist, und die Natur als solche wird trachten, ihn loszubringen. Der Mensch kann die Naturgesetze nicht ändern; vielmehr ist er völlig von der Natur abhängig und wird in einem Gesundungsprozeß von ihr ausgestoßen.

– Wenn Sie in wenigen Punkten sagen müßten, was sofort anzupacken wäre, um noch irgend etwas zu retten – was würden Sie vorschlagen?

2/3 der Autos weg!
Alle kalorischen Kraftwerke weg!
Alle Atomkraftwerke weg!
Alle Verbrennungsmaschinen nach Möglichkeit weg!

Einschränken auf ein Minimum!

Die Bauern veranlassen, das anzubauen, was sie benötigen, damit sie sich selbst ernähren können und nur den Überschuß an die Städter verkaufen. Dann bräuchten sie keine Insektizide oder andere Gifte mehr, da sie keine großen Monokulturen bestellen. Das heißt, sie müßten die Landschaft über das Bauerntum wieder vielseitig, reich strukturiert machen, da jede reichere Struktur sicherer ist. Ein Tisch – wenn es auch lächerlich klingt – mit fünf Beinen steht sicherer als einer mit zwei. Genau das muß geschehen. Weg mit dem Auto, natürlich weg mit dem Flugzeug, mit überschnellen Eisenbahnen – das brauchen wir alles nicht! Reduktion unseres Lebens, totale Reduktion des Fernsehens, des Radios, damit die Familie wieder zu sich findet, sich mit sich selbst beschäftigen kann.

– Aber das hieße doch auch, daß wir auf die Stufe der Menschen in der dritten Welt zurückgeworfen werden. Wir könnten dann nicht mehr mit allen Konsequenzen helfen!

Die Menschen der dritten Welt haben über Jahrtausende in ihren Kulturen wunderbar gelebt. Wir haben in Afrika, in Asien und Australien gesunde, tadellos funktionierende Kulturen vorgefunden, und wir haben sie zerstört. Ich würde bei Afrika heute vorschlagen: alle Europäer raus, alle Hilfsmaßnahmen weg! Sanieren wir Afrika, indem wir niemanden hineinlassen – und in fünfzig Jahren werden wir sehen, daß sich wieder lauter kleine Negerdörfer gebildet haben, deren Bevölkerung sich tadellos ernähren kann. Durch die Hilfe aus Europa verlernen die Leute dort ja die Selbstversorgung.

Wir müssen reduzieren. Afrika kann nicht mehr ernährt werden. Und vor allem eines: Wir haben nicht genug Wasser auf der Welt, um all die Menschen zu ernähren. Das Grundwasser ist großteils vergiftet. So kann es nicht weitergehen, und es geht so auch nicht weiter. Das heißt nicht, daß die Welt trostlos und öd werden wird. Sie kann wunderbar blühen, ganz ohne Menschen. Und gewiß können sich zahllose Arten – vielleicht entstehen auch neue – auf Radioaktivität einstellen. Das alles ist möglich, diese Anpassungen hat es immer gegeben. Es gab im Erdaltertum eine anaerobe Zeit, d. h. keinen Sauerstoff, sondern nur CO_2. Wir haben uns auf Sauerstoff umgestellt, heute ist CO_2 „die" Gefahr. Eine anaerobe Zeit ist durchaus wieder denkbar. Nur dauert das sehr, sehr lange. Um unseren

Planeten habe ich überhaupt keine Sorge. Außerdem kommt es im All überhaupt nicht auf dieses winzige Staubkorn Erde an. Wenn es nicht da ist, wird es eben nicht mehr da sein. Das sind die Denkweisen, die man sich zueigen machen muß.

– Haben die Politiker das nötige Rüstzeug, um so denken zu können?

Woher sollten sie? Sie sind dafür nicht ausgebildet. Auch der Großstädter, der Bankmann, der Industrielle hat davon keine blasse Ahnung. Er hat es in der Schule auch nie gelernt.

Man kann freilich boshafterweise auch sagen, daß ein Politiker keine Zeit zum Nachdenken und zum Fällen von Entscheidungen hat, da er dauernd um Wählerstimmen kämpfen muß. Kürzlich hat der sächsische Unterrichtsminister gesagt: Das sind alles gute Vorschläge, die müßten wir durchführen. Wir können sie aber nicht durchführen, weil wir uns bemühen müssen, Wähler zu gewinnen...

– Es gibt bei der Ausländerfrage jetzt einige, die umschwenken und sagen: „Ausländer stop!"

Wenn die FPÖ plötzlich gewinnt, dann fragen sich auch andere Parteien: Wie bekomme ich mehr Stimmen? Die wollen keine Ausländer, also gehe ich auch in diese Richtung. Wenn Sie die Wahlplakate für die Wiener Wahl lesen, so können Sie sie beliebig untereinander austauschen. Die Parteien haben nichts mehr zu sagen, auch die Sozialdemokraten nicht, obwohl sie gewiß – das muß und darf man nicht vergessen – unerhört viel geleistet und die Arbeiterschaft wirklich aus dem Dreck herausgezogen haben, indem sie Mutterberatungsstellen, Kinderkrippen und Kindergärten und Schulen geschaffen haben. Aber nun geht es über das notwendige Maß hinaus!

Die ÖVP hat ihre Funktion als christlichsoziale Familiengemeinschaft, als Vertreterin der kleinen Kaufleute, der kleinen Händler völlig verloren, weil es das alles nicht mehr gibt. Die haben nur mehr mit Konzernen zu tun auf der Welt. Und nun kommt eine neue Partei, die FPÖ, in eine so zerstörte Welt hinein. Freilich hat sie gut reden, weil sie sagt, das ist falsch, das ist falsch und das ist falsch. Aber sie kann es auch nicht ändern. Und wenn man junge Leute hinstellt und reden läßt (das sind ja alles deutsche Burschenschafter – ich habe nichts gegen die deutschen Burschenschaften), dieser Stil imponiert der Masse. Im folgenden gewinnen sie Stimmen, aber das sind nicht unbedingt Stimmen: „Ihr macht es besser", sondern: „Die anderen haben es schlecht gemacht, denen werden wir es zeigen." Das ist alles, und das ist die Tragödie. Es gibt keine Alternative. Es gibt keine Partei, die man wirklich reinen Gewissens wählen könnte. Die Grünen sind überhaupt nicht zu wählen. Die Grünen sind Zerstörer. Grün ist ein Aushängeschild. Von einer wirklich „grünen" Einstellung haben die keine Ahnung.

Wenn die Grünen sagen, sie seien heute weiß Gott wie demokratisch, aber nicht anerkennen, daß 70% für die Staustufe Freudenau gestimmt haben und das Kraftwerk jetzt bekämpfen wollen, dann sind sie eben keine Demokraten, dann sind sie Faschisten, die glauben, nur ihre Meinung gilt und muß absolut durchgesetzt werden. Wie können sie in unserer Situation gegen die Wasserkraft auftreten?

Wenn man vor allem weiß, daß Atomkraftwerke furchtbar sind – so ein Atomkraftwerk arbeitet ja nur 20 oder 30 Jahre, und dann können Sie die strahlende Hülle 2000 Jahre lang bewachen. Das ist unvorstellbar! Im Tullner Feld haben 18% der Kinder Bronchialasthma durch kalorische Kraftwerke. Wer verantwortet denn das, bitte? Wir haben Techniken erstellt, die über eine weite Zeit hinaus wirken, über ein Menschenleben hinaus. Das heißt, daß kein Politiker die Folgen zu verantworten hat, wenn nichts unmittelbar passiert. Er hat auch nichts zu befürchten und nichts zu verantworten.

Nur Abspecken, rasches Verarmen, rasche Reduktion des Wohlstandes führen zu etwas, wobei Milliarden Menschen auf dieser Welt nichts anderes wollen, als diesen unseren Wohlstand zu erreichen. Wenn wir hier aufgeben, kommen die aus dem Osten, aus dem Süden oder sonstwoher, um sofort ihre Chancen zu ergreifen. Sie können nicht 5 1/2 Milliarden Menschen gleichschalten, informieren, noch dazu, wo die religiösen und weltanschaulichen Vorstellungen grundlegend verschieden sind, und zwar so grundlegend verschieden, daß sie gar nicht zueinanderkommen können. Das ist ganz hoffnungslos.

Wir hatten neulich einen Telefonarbeiter aus Bosnien. Intelligent, hat sehr gut deutsch gesprochen. Ein Telefon ist ja nicht einfach zu installieren, doch das hat er alles tadellos gemacht. Und dann erzählte er, seine Großmutter sei gestorben. Sie wurde begraben, nur mit zwei Brettern – da habe ich gewußt, er ist Mohammedaner –, und zugeschüttet. Am nächsten Tag war die Erde weg. Sie sind zu einem Priester gegangen und haben ihn befragt. Er hat ein großes Buch herausgezogen und gesagt: „Das ist ein Vampir. In der nächsten Nacht wird die Erde wieder weg sein." Die Erde war auch wieder weg. Was sollten sie unternehmen? „Sie müssen Erde von ganz woanders holen." Das haben sie getan, und daraufhin ist die Erde nicht mehr verschwunden. Sehen Sie, nehmen Sie es als Märchen, aber das ist für diesen Menschen Realität, volle Realität gewesen! Obwohl er im Grund genommen, technisch gesehen, eine völlig mitteleuropäische Kultur hat. Sie müssen damit rechnen, daß die Vorstellungen in Südamerika absolut andere sind, absolut andere als bei uns. Und Sie können nicht die Geburtenregelung in Afrika einführen, wenn die Leute die Vorstellung haben, daß sie, wenn sie sterben, im Jenseits nur dann versorgt werden und leben können, wenn sie genügend Kinder haben, die für sie sorgen.

Die Ausländerfeindlichkeit ist ab einer gewissen Anzahl von Ausländern in der Gemeinschaft gewiß etwas absolut Natürliches. Ein Abgrenzungsprozeß gegen Fremde. Wenn es einer ist, wenn es wenige sind, d.h. wenn er meine Situation nicht stört und der Fremde sich nur anpassen muß, so geht das ohneweiters. Und jeder, der sagt: „Aber ich kenn' doch einen, der ist so lieb", der hat recht, vollkommen recht. Aber wir kennen so viele, die so lieb sind! Und das macht die Katastrophe aus. Dieser Abgrenzungsprozeß tritt vor allem dann auf, wenn die neuen Zuwanderer sich völlig abschließen, und das tun sie natürlich.

Andreas Mölzer

MELTING POT MITTELEUROPA

Die Geschichte Europas ist nicht die Geschichte von statischen Völkern in klar umgrenzten Gebieten, sie ist vielmehr die Geschichte einer gewollt oder ungewollt zusammengehörenden Gruppe von Völkerschaften, die, über die Jahrhunderte hinweg, durch kulturellen und auch personellen Austausch Europa zu dem gemacht hat, was es heute ist. Vor allem in den jeweiligen Randgebieten der einzelnen Siedlungsräume kam es immer wieder zu einer mehr oder weniger starken Vermischung der benachbarten Ethnien. Hinzu kommen noch die großen Völkerwanderungen, die es seit prähistorischer Zeit in verschiedenem Ausmaß immer wieder gegeben hat. Sie führten meist auf kriegerischer Weise zu einer radikalen Veränderung der politischen, aber auch der kulturellen Verhältnisse. So kann man heute durchaus sagen, daß jede große Epoche unserer – der europäischen – Geschichte auch ihre bestimmten, die Kultur tragenden Ethnien hatte. Trotzdem blieb, im Gegensatz zu den USA, immer eine ethnische Vielfalt auch auf sehr engem, geographischem Raum erhalten. (Die europäischen Völker zeichneten sich allerdings nicht durch ihre ethnische oder rassische Homogenität aus, sondern vielmehr durch ihren jeweils bestimmten Grad an Vermischung untereinander.)

Territorial in der Mitte dieses alten Kontinents gelegen, historisch durch Jahrhunderte tragender und integrierender Teil des Abendlandes, stellen Land und Volk der Deutschen einen wesentlichen Bestandteil dieser ethnisch-kulturellen Vielfalt Europas dar. Ihre geographische Lage bedingte den steten Zufluß neuer Völkerschaften, aber auch die Abwanderung eigener Volksteile in andere europäische Regionen. Die kolonisatorische Tätigkeit des Mittelalters führte zur Überschichtung großer slawischer Volksteile; gleichzeitig kam es bis in das 18. Jahrhundert zur Abwanderung zahlreicher Deutscher in den Osten. Auch die Emigration hunderttausender Menschen deutscher Muttersprache in die Neue Welt im vorigen Jahrhundert sei hier erwähnt. Man kann durchaus sagen, daß das deutsche Volk in seinem heutigen Erscheinungsbild eines der „europäischesten" schlechthin ist, welches, zwar primär germanischer

Herkunft, im Westen und Süden aber viele kelto-romanische und im Osten zahlreiche slawisch-baltische Elemente integriert und aufgenommen hat. Die kelto-romanischen Elemente, die der bajuwarische Stamm und sein westlicher alemannischer Nachbar im frühen Mittelalter in sich verschmolzen, die westslawischen Völker, die die sächsische und fränkische Ostsiedlung zuerst militärisch unterwarf und dann mehr oder weniger friedlich in den deutschen Volkskörper vereinnahmte, seien als frühe Beispiele genannt. Aber auch die Einwanderung tausender Polen ins Ruhrgebiet oder der Zuzug ebensovieler Tschechen und Slowaken nach Wien um die Jahrhundertwende stellen die jüngeren Beispiele der ethnischen Vielgestaltigkeit und Integrationsfähigkeit der Deutschen dar.

Die vorhin schon erwähnten Überschichtungsprozesse in den Randgebieten der jeweiligen Völker führten in der Abfolge zu Gewinn, aber auch Verlust von Siedlungsräumen. Die Geschichte der Deutschen, die durch tausend Jahre vom übernationalen, universalen Dienst am Abendland, vom alten sakralen Reichsgedanken, geprägt war, zeitigte eher den Verlust eigener Volksteile und eigener Territorien an den Grenzgebieten. Elsaß-Lothringen sei hier genannt, wo es ohne Vertreibung im heutigen Sinn mehr oder weniger zum nationalen Identitätsverlust kam. Andererseits sind da freilich auch die großen Ostgebiete, wo gewaltsame Bevölkerungsverschiebungen das ihre taten. Trotzdem gab es nach allen Phänomenen, wie Völkerwanderung, kleinräumiger An- und Absiedlung oder auch Eheschließung zwischen Nachbarn in Grenzzonen, in der mehr als tausendjährigen Geschichte der Deutschen keine gravierende Veränderung ihres Volkscharakters. Alle ethnischen und kulturellen Impulse, die sowohl nach Deutschland wirkten als auch in sehr großem Ausmaß von Deutschland ausgesandt wurden, zerstörten nicht die Eigenart jener Mitteleuropäer, die als Brücke zwischen Ost und West und Süd und Nord die Synthese der abendländischen Kultur bildeten, wie es kaum ein anderes Volk unseres alten Kontinents fertiggebracht hat. So kam es nie zu einer „Umvolkung", d. h. die Mehrheit der Deutschen blieb, zwar in veränderter Form, aber doch, eben deutsch. Die ethnisch-kulturellen Vermischungs- und Überschichtungsprozesse bewegten sich überwiegend in quantitativen Bereichen, die eine solche Ethnomorphose nicht nach sich ziehen konnten. Einerseits war die Zuwanderung fremder Ethnien in der Relation zur deutschen Bevölkerung zumeist eher schwach, andererseits die „bevölkerungspolitische Kraft" der Deutschen, ihre Vermehrungsfreudigkeit also, ihr Kinderreichtum, stets stark genug, um zumindest längerfristig der assimilierende Faktor in diesen Prozessen zu bleiben, der seinen Volkscharakter, seine Sprache und Kultur den eindringenden Elementen zu vermitteln vermochte.

Viele, die heute von der Multikultur sprechen, geben die zuvor erörterten Aspekte als Grund dafür an, daß auch die gegenwärtige Einwanderung nach Deutschland bzw. West- und Mitteleuropa unter denselben Gesichtspunkten gesehen werden muß und folglich kein wirkliches Problem darstellt. Diese Ansicht ist allerdings keineswegs zulässig, denn erstens stellt die heutige Anzahl an Zuwanderern einen Faktor dar, den es in früheren Epochen, wenn überhaupt, nur im Zusammenhang mit kriegerischen Umschichtungsprozessen gegeben hat, und zweitens ist der Immigrant, wie wir ihn heute kennen, qualitativ nicht mehr mit dem „ethnischen Nachbar" vergangener Tage zu vergleichen. Früher wurde, wenn es zur Vermischung kam, ein sowohl kulturell als auch biologisch Verwandter integriert. Außerdem geschah dies meist nur mit einer einzigen Gruppe von Fremden und zur selben Zeit und am selben Ort und nicht, wie heute, wo Dutzende verschiedene Völker, Rassen und Religionen an einem Fleck angesiedelt werden und so schon allein aufgrund mangelnder Sprachkenntnis keinerlei Verständigung möglich ist. Als Gegenbeispiel, auch um auf die frühere Situation hinzuweisen, betrachte man unsere Grenzregionen, wo zum Beispiel im Waldviertel noch immer manche unserer Landsleute tschechisch oder unserer Nachbarn deutsch sprechen.

Die Herausforderung, Fremde aufzunehmen, trifft die Deutschen überdies in einem historischen Augenblick, in dem sie selbst sozusagen „demographische Aussteiger" geworden sind. Die mangelnde Reproduktionsrate – zu deutsch: die ständig und konsequent zu geringe Kinderzahl – bedingt einen überalterten und immer schwächer werdenden Volkskörper, der sich dynamisch vermehrenden, überaus kinderreichen Zuwanderern gegenübersieht.

Import der Dritt-Welt-Probleme?

Bevölkerungsverschiebungen in Mitteleuropa am Ende des 20. Jahrhunderts betreffen in erster Linie die Bundesrepublik

Deutschland. Warum dem so ist, läßt sich nur erklären, wenn man die drei großen Bereiche der Zuwanderer einzeln analysiert. Befaßt man sich zuerst mit der Gruppe der Asylanten, also jenen Menschen, die aus politischen – oder zumindest vorgeblich politischen – Gründen ihre angestammte Heimat verlassen, um sich anderswo, in diesem Falle eben in Europa bzw. speziell in der Bundesrepublik Deutschland niederzulassen, so muß man wiederum eine neue Unterteilung treffen: zum einen gilt es, sich mit jenen Asylwerbern zu beschäftigen, die aus der dritten Welt kommen, zum anderen mit jenen, die aus Osteuropa zuwandern. Für alle gilt jedenfalls, daß die im internationalen Vergleich bis zur Änderung der einschlägigen Gesetze geradezu exzessiv liberale Asylpraxis der Bundesrepublik ein Hauptgrund für die zunehmende Asylantenflut aus aller Welt ist. Auch wenn seit 1. 7. 1993 strengere Gesetze gelten, hat sich am grundlegenden Problem, vor allem was die Asylwerber aus der „dritten Welt" betrifft, nicht viel geändert. Als Grund für diese liberale Asylgesetzgebung wird immer wieder die aus der Nazi-Zeit resultierende Verpflichtung angegeben, die eben gerade die Deutschen dazu zwinge, politisch Verfolgten aus aller Welt in besonderem Maße zu helfen. Diese Motivation ist moralisch edel und zweifellos ehrenhaft, geht jedoch zumeist an den politischen Realitäten vorbei. Dies deshalb, da zu einem hohen Prozentsatz bloße Wirtschaftsflüchtlinge den Status des politischen Asylanten mißbrauchen und außerdem die BRD, aber auch Österreich bzw. die anderen hochindustrialisierten Staaten Westeuropas ohnehin bereits jetzt mehr als übervölkert sind und so als Einwanderungsländer wohl kaum in Frage kommen dürften. Vor allem in einer Zeit, da immer mehr sogenannte „Umweltflüchtlinge" nach Europa und Nordamerika strömen, Leute also, die nicht zuletzt deshalb, weil ihre Herkunftsländer aufgrund von Überbevölkerung immer mehr veröden, ihr Land verlassen. So spricht sich zum Beispiel der bekannte US-amerikanische Zukunftsforscher Dennis Meadows für eine restriktive Ausländerpolitik der Industriestaaten gegenüber Drittweltstaaten aus. Eine starke Migration aus Ländern der dritten Welt, so sagte er in Zürich, mache es schwieriger, die ökologisch gebotene Wende im Bevölkerungswachstum zu erreichen. Professor Meadows wies darauf hin, daß die Weltbevölkerung in den vergangenen zwanzig Jahren schneller zugenommen habe, als er dies 1972 in seinem für den Club of Rome verfaßten Buch „Die Grenzen des Wachstums" erwartet habe. Er hält die Abwendung einer Umweltkatastrophe noch für möglich, obwohl sich seitdem die Bedingungen verschlechtert hätten. Dazu müsse man nun aber schnell handeln, in zwanzig Jahren könnte es zu spät sein.

Zusätzlich zu der nach wie vor viel zu liberalen Asylpraxis der BRD, aber auch anderer westlicher Staaten inklusive Österreichs ist die wirtschaftliche Prosperität trotz Konjunkturflaute für viele Menschen aus ärmeren Regionen der Welt ein immenser Antrieb, gerade nach Westeuropa zu „flüchten" und nicht nur in ihr jeweiliges Nachbarland. So ist der gute Ruf der Deutschen Mark wohl schon bis in den letzten Winkel der Erde vorgedrungen. Außerdem ist Fernsehen selbst in den brasilianischen Slums oder indischen Elendsvierteln heute keine Seltenheit mehr und die Dekadenz und Völlerei des Westen via Bildschirm ein Lockmittel, dem sich offensichtlich nur wenige verschließen können. Man sieht ja zumeist auch nur das Schöne und glaubt, was die Werbung vorgaukelt.

Was aber bedeuten Massen von fremden Menschen anderer Rasse, Kultur, insbesondere Religion in unserem dichtbesiedelten Mitteleuropa? Angehörige von Dritt-Welt-Völkern, Schwarzafrikaner, Ostasiaten oder Lateinamerikaner würden bei zahlenmäßig allzugroßer Zuwanderung in das nach wie vor dichtbesiedelte Mitteleuropa geradezu zwangsläufig eine neue Form von Rassenkonflikten nach sich ziehen. Frankreichs Probleme mit seinen Nordafrikanern, die Probleme der Briten und der Niederländer mit den farbigen Menschen aus den ehemaligen Kolonien beweisen dies wohl zur Genüge, und die schrecklichen Szenen aus Los Angeles mit Toten, Bränden und Plünderungen werden wohl noch jedem in Erinnerung sein.

Deutsche Anziehungskraft in Richtung Osten

Politische Flüchtlinge aus Osteuropa hingegen stellen ein völlig andersgeartetes Problem dar. Sie wären, würden sie unter anderen Vorzeichen und im begrenzten Ausmaß zu uns kommen, wohl genauso integrierbar, wie es schon viele vor ihnen in den vergangenen Jahrhunderten waren. Sie kommen allerdings nach wie vor in großer Zahl und erregen so den berechtigten Unwillen der Bevölkerung, da man heute ja wohl kaum noch von politischer Verfolgung in Staaten wie Polen, Tschechien oder Ungarn sprechen kann. Außerdem kommen nicht wenige von ihnen, um nicht gerade legalen Gewerben nachzugehen. Selbst wenn es sich oft nur um geringfügige Delikte handelt, so ist doch die Kriminalität seit der Öffnung der Ostgrenzen gewaltig angestiegen. Was sehr gerne in der Öffentlichkeit verschwiegen wird, ist die Tatsache, daß erst durch die große Zahl nicht krimineller Ausländer das nötige unauffällige Umfeld für diverse östliche oder südöstliche Mafiaorganisationen gebildet wurde.

Ein weiteres Problem stellt die Abwanderung jener qualifizierter Arbeitskräfte dar, die gerade jetzt zum Aufbau der im Osten darniederliegenden Wirtschaft vonnöten wären. Bei uns hingegen bewirken die auch oft illegal tätigen Menschen einen nicht zu unterschätzenden Druck auf den ohnedies angespannten Arbeitsmarkt. Viele Unternehmer werden dazu verleitet, nicht in Modernisierungsprojekte zu investieren, sondern lieber auf billige Arbeitskräfte zu vertrauen. Ein Phänomen, wie wir es z. B. aus der französischen Autoindustrie kennen, welche so in den siebziger und achtziger Jahren gegenüber der deutschen und japanischen arg ins Hintertreffen geraten ist. Interessant ist auch noch eine andere Erscheinung: Wie kommt es, daß so viele Menschen aus Polen, Tschechien, der Slowakei, aus Rumänien und dem übrigen Osteuropa gerade in die Bundesrepublik Deutschland wollen, zumal Geschichtsunterricht und Medien nicht nur in ihren Heimatländern, sondern wohl international ständig lauthals erklären, daß es doch diese Deutschen waren, die die größten Greuel der Geschichte vollbracht hätten – und das vor allem in den jeweiligen Heimatländern der Asylsuchenden? Offizielle Meinungsäußerungen in Warschau, Prag oder gar weiter ostwärts betonen nach wie vor, daß jene Verbrechen, die im deutschen Namen begangen wurden, unvergessen sind und daß die Menschen jene Deutschen nach wie vor fürchten oder verachten. Weshalb aber dann die Vorliebe der meisten Osteuropäer für Deutschland, wenn es darum geht, aus politischen oder wirtschaftlichen Gründen die Heimat zu verlassen und in der Fremde Asyl zu suchen? Zum einen mögen hier wiederum die Argumente der liberalen Asylgesetzgebung und des Wirtschaftswunder-Wohlstandes ins Feld geführt werden, zum anderen aber scheint jenes Klischee von dem in Osteuropa gefürchteten und gehaßten Deutschen einfach nicht oder nicht mehr zu stimmen. Gerade die politisch Verfolgten im östlichen Mitteleuropa oder in Osteuropa sehen in der Bundesrepublik offenbar keineswegs den Nachfolgestaat Nazi-Deutschlands, sondern vielmehr eine der liberalsten Demokratien westlicher Prägung mit gesicherter Rechtsstaatlichkeit. Wenn man heute in Europa um politisches Asyl ansucht, so nicht mehr, wie in den vergangenen Jahren und Jahrzehnten, in der Schweiz und in Frankreich, sondern vielmehr in der Bundesrepublik Deutschland oder auch in Österreich. Wien, München, Berlin und Hamburg sind jene Städte, in denen sich heute ein osteuropäischer Intellektueller wieder zu Hause fühlt, so wie vor dem Ersten Weltkrieg. Städte wie Zürich, London oder Paris stehen da sicherlich zurück.

Der Fluch der Heimatlosigkeit

Kommen wir nun zur dritten, großen Gruppe von Fremden, die aufgrund ihrer Anzahl sicherlich nicht zu ignorierende Probleme verursachen. Das massenhafte Anwerben von Gastarbeitern in den sechziger und siebziger Jahren durch die österreichische und bundesdeutsche Wirtschaft ist heute, in Zeiten stagnierender oder sogar schrumpfender Konjunktur, schon längst eine gesellschaftspolitische Bombe geworden. Mancherorts in deutschen Großstädten, aber auch in Wien oder Dornbirn hat die fremdländische Bevölkerung zumindest in bestimmten Stadtvierteln eine derartige Dichte und Dimension erreicht, daß an eine Integration im kulturellen und sozialen Sinn, wie sie sich mancher Phantast vorstellt, gar nicht mehr gedacht werden kann. Insbesondere deshalb, da diese Bevölkerungsschichten, etwa die Türken in Kreuzberg, an einer Integration im besten Sinn des Wortes selbst keinerlei Interesse zeigen. Genauso wie die Türken verhalten sich auch andere Moslems. Sie wollen nicht Deutsche im soziokulturellen Sinne werden. Sie wollen vielmehr Türken, Kurden oder Bosnier bleiben, allerdings bei Erhalt aller wirtschaftlichen Möglichkeiten und aller staatsbürgerlichen Rechte. Außerdem wollen speziell die Türken und Araber ihre religiöse Identität im Islam natürlich nicht aufgeben und daher auch ihre durch ihren Glauben bedingte Andersartigkeit im alltäglichen Leben keineswegs zugunsten westlicher Lebensart verändern.

Die als Gastarbeiter ins Land gekommenen Zuwanderer sind also von ihrem Selbstverständnis so weit entfernt, daß sie gewissermaßen den Status autochthoner Minderheiten anstreben, d. h. daß sie für sich und insbesondere für ihre eventuell noch aus den jeweiligen Heimatländern nachzuholenden Familienmitglieder ein Heimatrecht beanspruchen. Überdies verlangen sie vom Gastland, das somit ihr Heimatland werden soll, allen Aufwand, der einer autochthonen Volksgruppe zur Erhaltung der jeweiligen nationalen und kulturellen Identität zusteht, d. h. also eigene Kindergärten, Schulen, religiöse Einrichtungen und einiges mehr. Die Parole wird über kurz oder lang lauten: der türkische Steuerzahler in Deutschland will seinen Kindergarten, seine Schule, seine Moschee, sein Theater usw. und so fort. Wenn dann allerdings der Tamile ebenfalls ähnliche Rechte fordert, bleibt die Frage, wo und auf welchen Flächen soll das in der dichtverbauten Bundesrepublik alles geschehen? Außerdem müßte die Frage gestellt werden, ob all das der deutschen Stammbevölkerung eigentlich recht und zumutbar ist. Politische Radikalisierung auf beiden Seiten ist da eine zwangsläufige Folge. Selbstverständlich wird sich auf der Seite der Stammbevölkerung Unmut äußern, selbstverständlich wird diesem von den Einwanderungsgruppen durch verstärktes Verharren auf der eigenen Identität geantwortet, und so schaukelt sich die Spirale von Aggression, Ängsten und gegenseitiger Ablehnung unaufhörlich auf.

Bedenklich ist in diesem Zusammenhang auch die Tatsache, daß praktisch alle Gastarbeiter, insbesondere die Türken, sich durch sehr hohe Kinderzahlen gegenüber der deutschen Stammbevölkerung ständig vermehren und so der Zuzug aus den jeweiligen Heimatländern oft noch übertroffen wird. So entfällt z. B. auch in Wien gegenwärtig ein Drittel aller Geburten auf Fremde, vorwiegend Gastarbeiter. Daher ist es auch kaum verwunderlich, daß die Schulen in manchen Bezirken mehrheitlich von Ausländern besucht werden und manche Straßenzüge eher einer Istanbuler Vorstadt ähneln, denn einem Wiener Gemeindebezirk. Daß dann in solchen Gebieten für Inländer, wenn sie sich nicht damit abfinden können, als Fremde im eigenen Land zu leben, nur mehr die Möglichkeit der Abwanderung bleibt, ist ebenfalls verständlich, was allerdings in einer Zeit gravierender Wohnungsknappheit äußerst problematisch ist. Freilich sind hier zuerst vor allem untere soziale Schichten, die mit den Neuankömmlingen oft direkt in Konkurrenz um Arbeitsplatz und Wohnung stehen, als erste betroffen. Ist es daher verwunderlich, daß wir die Täter von Solingen oder Mölln dort finden? Nicht, daß abscheuliche Verbrechen hier verharmlost oder entschuldigt werden sollen, aber genauso wie bei allen anderen Verbrechen, wo wir nach sozialen oder entwicklungsbedingten Ursachen suchen, müssen wir dies auch hier tun. Politiker, die sich nicht darum kümmern, daß die einheimische Bevölkerung Arbeit und Wohnung findet, dürfen sich nicht wundern, wenn Radikalität und Haß zu Gewalt führen. Auch den Fremden geht es hier nämlich nicht besser. Selbst oft von verbrecherischen Wohnungsspekulanten wie Vieh in desolaten Abbruchhäusern untergebracht, arbeiten sie für minimale Entgelte und setzen ihre Kinder in eine Welt, die weder die ihre, d. h. jene ihrer Heimatländer, noch jene des Gastlandes ist. Die zweite und dritte Generation, speziell der türkischen und jugoslawischen Gastarbeiter, beherrscht oft weder die eigene Muttersprache noch die Sprache des Gastlandes. Sie sitzt buchstäblich zwischen zwei Stühlen. Daß diese Leute ihren Frust in Aggression oft auch gegen Vertreter bzw. Angehörige des Gastlandes entladen, wird so erklärbar. Wer nun behauptet, daß dies durch verbesserte soziale Bedingungen für alle Beteiligten beseitigt werden könne, der träumt oder will sich vor der Realität verschließen, denn nicht nur die wirtschaftliche Situation ist dafür verantwortlich, sondern auch der seelische Hunger will gestillt sein. Genauso wie wir, die Völker Europas, ein Recht auf Geborgenheit unter unseresgleichen haben, besitzen jene Fremden ein Recht auf Heimat. Damit meine ich ein Leben in einem entsprechenden sozio-kulturellen Umfeld. Das Schlagwort von der „multikulturellen Gesellschaft" entpuppt sich bei Betrachtung der zuletzt geschilderten Zustände allzurasch als hohle Floskel. Deutschland oder Österreich würden sich dabei nicht als heiter-exotisches Nebeneinander von China-Restaurants, Pizzarien, islamischen Moscheen oder Kebab-Buden präsentieren, sondern – zumindest in besonders exponierten Großstädten – als Nebeneinander von rassisch und religiös streng separierten Ghettos, deren Atmosphäre keineswegs von Folklore, sondern vielmehr von Rassenkrawallen nach dem Muster Los Angeles' geprägt wäre.

Rücksiedler sind keine Immigranten

Als durch die Reformen Michail Gorbatschows die seit langem dahintröpfelnde Spätaussiedelung der Volksdeutschen aus der Sowjetunion, Polen und Rumänien in den Jahren 88 und 89 zu einem wahren Massenexodus anstieg, der die Bundesrepublik vor erhebliche, vor allem auch vor materielle Schwierigkeiten stellte, war von den linken und linksliberalen Meinungsmachern plötzlich etwas zu hören, was man sonst bis auf das äußerste verdammte. Das, was bis dahin mit den ärgsten Schmähungen (jeder, der in der Ausländerfrage zur Vernunft aufrief, wurde als Nazi oder Faschist beschimpft) versehen und in den letzten Jahrzehnten in inländerfeindlicher Weise manchem vorgeworfen wurde, galt nichts mehr. Plötzlich wurde von der linken Presse vor der allzugroßen Menge an Aussiedlern gewarnt und auf die wirtschaftlichen und sozialen Folgen hingewiesen. Das Boot wäre mancherorts schon voll, außerdem müsse man auf übertriebene Deutschtümelei hinweisen, wenn man von der verfassungsmäßigen Pflicht der Aufnahme aller Volksdeutschen spräche. So war vor allem der linksliberale „Spiegel" einer der ersten, der es geschickt und polemisch zuwege brachte, die Asylwerber- und Gastarbeiterproblematik mit jener der volksdeutschen Aussiedler zu vermengen. In einer Serie unter dem Titel „Die neuen Deutschen" warnte man vor den großen Problemen, wobei die Absicht allzu deutlich war: einerseits entzog man sich nicht der humanitären Pflichtübung und warnte brav und gewissenhaft vor drohenden xenophoben Gefühlen der Bevölkerung. Andererseits wurde wohl keineswegs unbeabsichtigt so getan, als seien die Volksdeutschen gleich zu betrachten wie alle Ausländer insgesamt. Nach Ansicht des „Spiegels" wäre zwischen Siebenbürger Sachsen und Tamilen und zwischen Wolga-Deutschen und Leuten aus Anatolien für die Bundesrepublik kein Unterschied zu machen. Nun gibt es freilich den vorhin erwähnten Verfassungsauftrag des Grundgesetzes, der sich an „alle Deutsche" richtet und damit die Bundesrepublik verpflichtet, Menschen deutscher Volkszugehörigkeit aufzunehmen, zu unterstützen und auch mit entsprechenden staatsbürgerlichen Rechten auszustatten. Doch dürfte sich diese Bestimmung nicht bis zu allen Redakteuren diverser Zeitschriften und Zeitungen herumgesprochen haben.

Unter rußlanddeutschen Aussiedlern wurde keineswegs unberechtigt die Klage vernommen, in der Sowjetunion seien sie Deutsche gewesen und deshalb diskriminiert worden. Hier wären sie nun Russen und würden nun deshalb abgelehnt. Die mangelnden deutschen Sprachkenntnisse vieler Aussiedler werden von manchen Bundesdeutschen so interpretiert, als seien sie der Beweis dafür, daß es sich dabei gar nicht um Deutsche, sondern eben um Polen, Russen und Rumänen handle. Daß aber gerade diese fehlenden Sprachkenntnisse daher rühren, weil sie eben politischer und nationaler Unterdrückung ausgesetzt waren, wird von diesen Leuten vergessen. Obwohl Deutschland sich als der historisch legitimierte Nachfolgestaat des Deutschen Reiches sieht und dafür auch die Verantwortung übernimmt, verabsäumte es allerdings, sich auch in geeigneter Weise für die Deutschen im Osten Europas einzusetzen, so daß diese, ihrer nationalen und kulturellen Identität beraubt, gezwungen sind, ihre angestammte Heimat zu verlassen. Die verbliebenen Deutschen, die heute zum Beispiel in Rußland um ihr Recht kämpfen, werden ebenfalls nur sehr halbherzig unterstützt, und wenn man bedenkt, wie die österreichische Bundesregierung mit den rückwanderungswilligen Landsleuten aus Rumänien umgeht, braucht man wohl nicht zu betonen, daß hier mit zweierlei Maß gemessen wird, ganz nach dem Motto: Einwanderung ja, aber bitte nur Fremde und nicht Deutsche!

Für die Länder Ost- und Mitteleuropas, von denen es nach dem Fall des Eisernen Vorhangs für die Deutschen leichter wurde, wegzugehen, bedeutete dies zweifellos eine Verarmung. „Die Deutschen, das sind die mit den goldenen Händen!" erklärte der „Spiegel". Die Deutschen, das sind die, die in Temesvar oder in Hermannstadt noch am ehesten ein Auto zuverlässig zu reparieren vermögen. Das sind die, die in Siebenbürgen und im Banat ihre Häuser nicht verfallen lassen. Das sind die, die in Oberschlesien auch im größten wirtschaftlichen Chaos noch etwas zustande bringen. Der Auszug der Volksdeutschen bringt also konkrete ökonomische Verluste für ihre ehemaligen Heimatländer. Die Tschechen hätten sich mit der Vertreibung der Deutschen selbst aus Europa vertrieben, lautet der Ausspruch eines tschechischen Dissidenten. Für die Bundesrepublik hingegen bedeutet dieser, mit Ausnahme der Ungarn-Deutschen und womöglich einem Teil der Rußland-Deutschen, wohl endgültige Auszug der Volksdeutschen aus Osteuropa eine Chance: sie bekommen ganz im Gegensatz zur gegenwärtigen, an bundesdeutschen Stammtischen kursierenden Ignoranten-Ansicht in diesen Jahren eine Million Neubürger deutscher Volkszugehörigkeit, die sich durch Kinderreichtum und Arbeitswilligkeit auszeichnen. In einer Zeit, in der die demographische Katastrophe insbesondere für die Deutschen vorausgesagt wird, in der ein Bevölkerungsschwund von 30 bis 40 Prozent in kaum mehr als einer Generation prophezeit wird, kann der Zuzug von einer Million problemlos integrierbarer Menschen gleicher Abstammung und gleicher Kultur nur als Glücksfall bezeichnet werden.

Vielfalt statt Nivellierung

„Klasse ist stärker als Nation", hatte Vladimir Iljitsch Uljanow, genannt „Lenin", der Gründervater der Sowjetunion, zu Beginn dieses Jahrhunderts erklärt. Daß er sich damit gewaltig geirrt hat, haben uns der Zerfall des Ostblocks in positiver Weise und die Ereignisse in Jugoslawien negativ deutlich klargemacht. Genau dort, wo man seit Jahrzehnten immer wieder den Internationalismus – durchaus ein Nahverwandter des Glaubens an eine multikulturelle Gesellschaft – gepredigt hat, wurde er hinweggefegt. Die Völker von Ost- und Südostmitteleuropa haben sich auf ihre eigene Identität besonnen, obwohl viele wohl geglaubt haben, ein halbes Jahrhundert Kommunismus würde doch endlich Schluß damit machen. Denn auch im Westen wünschen sich viele Leute viel lieber den „Homo oekonomicus" als einen verwurzelten, von traditionellen Werten geprägten Menschen, dem man eben – Gott sei Dank – doch noch nicht alles verkaufen kann. Daß wir im ehemaligen Jugoslawien leider ein schreckliches Erwachen jenes verabscheuungswürdigen Chauvinismus wiederentdecken, der die Welt schon zweimal in einen gewaltigen Krieg gestürzt hat, muß uns nachdenklich stimmen, denn durch bloßes Wegleugnen von Nation und Andersartigkeit wird man nie und nirgends auf der Welt ethnische Konflikte lösen oder gar vermeiden können. Nachdem sich nun in Osteuropa die bekannten Umwälzungsprozesse vollzogen haben, wird es immer wichtiger, daß wir in ganz Europa ein effektives Minderheitenrecht entwickeln, welches in der Lage ist, die – vor allem durch die jahrzehntelange kommunistische Unterdrückung – aufgestauten Aggressionen entsprechend abzufangen. Der Krieg in Jugoslawien, aber auch die zunehmenden Spannungen in Moldawien oder im Baltikum stellen zweifellos eine gewaltige Gefahr nicht nur für Europa, sondern für die ganze Welt dar.

Doch auch die Rechte der im Westen unseres Kontinents befindlichen ethnischen Minderheiten müssen in einer künftigen Ordnung Berücksichtigung finden. Basken, Bretonen oder Sorben stehen genauso wie Südtiroler oder Ungarndeutsche vor dem Problem, ihre nationale Identität in einem immer technokratischer und zentralistischer werdenden Europa zu bewahren. Viele werden nun sagen, was habe es schon für eine Bedeutung, wenn die eine oder die andere kleine nationale Minorität aus der Geschichte verschwindet und aufhört, zu existieren. Dem halte ich z. B. die Tatsache entgegen, daß der Auflösungsprozeß und das Abschütteln des kommunistischen Jochs in Osteuropa nicht möglich gewesen wären, hätten nicht nationale Ideen und nationale Begeisterung mitgespielt. Die Zerstörung jedweder Tradition und überlieferter Lebensform durch den Kommunismus wäre geglückt, hätte nicht immer wieder die Besinnung auf die nationale Identität die Leute davor bewahrt. In Westeuropa sind die Bundesdeutschen im Grund die einzigen, die mehr oder weniger unkritisch der Vorstellung nachhängen, daß die eigene Nationalität, die ethnische und kulturelle Identität, in einem vereinten Europa in Form einer multikulturellen Gesellschaft umgedeutet werden oder gar untergehen könnte. Die übrigen Westeuropäer sind in ihrer mehr oder weniger vorhandenen Europabegeisterung nie so weit gegangen, die Auflösung der eigenen Nationalität miteinzukalkulieren.

Wie mehrfach im Zuge dieser Ausführungen festgestellt, bleibt im Verlaufe der Geschichte nichts gleich, ist nichts statisch, verändert und bewegt sich vielmehr alles, auch Völker, Sprachen und Kulturen und damit auch die Sprache, die Kultur und die ethnische Zusammensetzung der Deutschen. Die mutwillige Zerstörung des eigenen Volkscharakters aus einer nationalmasochistischen Massenpsychose heraus wäre aber zweifellos ein historischer Frevel. Ein Frevel nicht nur an den Deutschen, sondern auch an den europäischen Nachbarn. Dies deshalb, weil das nach wie vor größte Volk der europäischen Mitte seinen Nachbarn gerade im Osten, im mitteleuropäischen Bereich, ein schlechtes Beispiel bieten würde. Ein Schmelztiegel Mitteleuropa, eine „Brasilianisierung" Europas, würde nämlich einen der größten Kulturverluste der neueren Geschichte nach sich ziehen. Und wenn Deutschland in seiner europäischen Mittellage sich zu einem Schmelztiegel verschiedenster Völker und Kulturen entwickeln sollte, könnte sich auch das übrige Mitteleuropa auf Dauer nicht einer ähnlichen Tendenz entziehen. Der „Melting pot" Mitteleuropa wäre zur – traurigen – Realität geworden.

Heinrich Lummer

PROBLEME SCHAFFEN OHNE WAFFEN: DIE MULTIKULTURELLE GESELLSCHAFT

In den letzten Jahrhunderten hat es Gesellschaften gegeben, die sich konsequent gegen äußere Einflüsse abschotteten. Die Geschichte Japans bis zum Ende des 19. Jahrhunderts ist dafür ein Beispiel. Bis heute haben sich die Japaner durch einen Verzicht auf Einwanderung alle die Probleme erspart, mit denen sich besonders die Mitteleuropäer herumschlagen müssen. Sieht man von den wenigen hunderttausend koreanischen Gastarbeitern in Japan einmal ab, hat das Land auch ohne ausländische Zuwanderung einen beachtlichen Wohlstand erreicht. Das stellt die bei uns beliebte Behauptung in Frage, daß wir „unseren Wohlstand" nicht ohne die Zuwanderung von Ausländern hätten erreichen können. Erinnern wir uns: Die Anwerbung von Gastarbeitern war die Folge, nicht die Ursache des sogenannten Wirtschaftswunders.

In Europa hat es eine „japanische" Abschottung zu keinem Zeitpunkt gegeben. Durch Wanderungen und Begegnungen kam es immer wieder zu einem fruchtbaren kulturellen Austausch zwischen verschiedenen Ethnien. Das hat nichts daran geändert, daß sich Völker und Staatsnationen entwickelten. Auf welche Weise auch immer – sei es durch gemeinsame Geschichte, Wertvorstellungen, Sprache, Konfession oder politische Überzeugungen – sind eigene Identitäten entstanden.

Heute, im Zeitalter der billigen, schnellen Verkehrsmittel, besteht die Problematik darin, daß ein Volk durch die Masseneinwanderung Fremder seine Identität innerhalb kurzer Zeit verlieren kann. Man darf sich nicht wundern, daß manche der betroffenen Menschen solch einen Überfremdungsprozeß als Bedrohung empfinden und sich zur Wehr setzen. Es geht deshalb darum, zwischen totaler Abschottung und gänzlicher Öffnung einen sinnvollen Weg zu finden.

Die Bundesrepublik Deutschland ist dem Migrationsproblem in der Vergangenheit mit einer gewissen Naivität begegnet. Die jeweiligen Regierungen gingen einfach davon aus, daß die Gastarbeiter nur begrenzte Zeit in Deutschland bleiben und dann wieder in ihre

Heimat zurückkehren würden. Man hatte ein *Rotationsprinzip* vor Augen, das jede Einwanderung vermied. Die Durchsetzung dieses Prinzips ist an den Deutschen selbst gescheitert. Arbeitgeber wollten nicht immer wieder neue Arbeiter anlernen, die Gewerkschaften keine Mitglieder verlieren. So sorgte die Einheitsfront der Tarifpartner dafür, daß die Rotation nicht zustande kam. Das Ergebnis war der Familiennachzug für Gastarbeiter und damit faktisch eine Einwanderung.

Wenn nun verschiedene Kulturen durch Einwanderung aufeinandertreffen, gibt es unterschiedliche Arten der Reaktion. Da ist zum einen der Begriff der *Assimilierung*: Die Einwanderer passen sich der Kultur und Lebensform des Aufnahmelandes an, gehen früher oder später in der angestammten Bevölkerung auf. Wer sich heute in Deutschland umsieht, weiß: Ein erheblicher Teil der Einwanderer, insbesondere der Nicht-EG-Bürger, hat sich nicht assimiliert, sie bleiben in ihrer Herkunft und nationalen Tradition verwurzelt. Es hat wohl auch von staatlicher Seite nie eine Ermutigung zur Assimilation gegeben. Das entsprechende Stichwort hieß schlicht: *Integration*. Die Fremden waren in ihrer Andersartigkeit zu „integrieren", also so gut wie möglich in die Gesellschaft der deutschen Staatsbürger aufzunehmen. Dieser Gedanke liegt dem Ausländerrecht in Deutschland zugrunde und findet sich im Programm z.B. der CDU. Integration ist die Erwartung, daß sich einwandernde Ausländer in das gesellschaftliche, wirtschaftliche und geistige Gefüge des Gastlandes einordnen, ohne ihre individuelle kulturelle Identität aufzugeben. Allerdings wird das Zusammenleben in Frage gestellt, wenn diese Identität mit wichtigen Grundüberzeugungen des Gastlandes in Widerspruch steht: Ist Integration bei einer zu großen kulturellen Distanz reibungslos möglich, ja, ist sie überhaupt noch möglich? Ob Christen in einem islamischen Land integriert werden können, ist sicher noch problematischer als die Frage, ob überzeugte Muslime in großer Zahl in einen demokratisch-pluralistischen Staat integriert werden können.

Unbeschadet dieser Fragen ist das Ziel der Integration eine mögliche Antwort auf Wanderungen. Als eine andere Möglichkeit gilt seit geraumer Zeit die *„multikulturelle Gesellschaft"*. Was unter diesem schillernden Begriff eigentlich zu verstehen ist, bleibt oftmals unklar. Manche denken an die Vielfalt, die uns heute in jeder großen Stadt begegnet: Das griechische Restaurant, der türkische

Gemüsehändler, die Pizzeria, die chinesische Küche, Volkstänze aus fernen Ländern und manches mehr. Solch eine „multikulturelle", friedlich-folkloristische Vielfalt könnte man als ausgemachte Bereicherung empfinden. Aber genau dies ist nicht gemeint, wenn von bestimmten Politikern und gesellschaftlichen Gruppen eine „multikulturelle Gesellschaft" gefordert wird. Ihre Befürworter verstehen darunter vielmehr die volle Gleichberechtigung der eingewanderten Kultur. Die Kultur des Gastlandes als Dominanz-Kultur wird abgelehnt. Auch als Kollektiv soll die eingewanderte Kultur Autonomie besitzen. Je nach Stärke der Einwanderung verkümmert die Kultur des Gastlandes dann zu einer unter vielen. Sie hat jedenfalls keine besondere hervorgehobene Bedeutung mehr. Allenfalls dient ihre Sprache als lingua franca, als Klammer der Verständigung. Auch das freilich muß nicht lange so bleiben: In Florida gibt es heute Bezirke, die als offizielle Sprache neben Englisch das Spanische haben.

Der Verdacht drängt sich auf, daß die als „Modell", als ein zu erreichendes Ziel gepriesene „Multikultur" nichts weiter als eine Endstation sein könnte – nach dem endgültigen Scheitern des Integrationskonzepts. Dazu kann es kommen, wenn die Zahl der Einwanderer zu groß wird, homogene Minderheiten entstehen – in Deutschland gibt es heute fast zwei Millionen Türken – und somit die Notwendigkeit der Anpassung an deutsche Verhältnisse immer geringer wird. Den dann gegen den Willen des Aufnahmelandes entstehenden Vielvölkerstaat stilisieren die „Multi-Kulti"-Ideologen zum fröhlich-freundlichen Menschengemisch, das Scheitern der Integration wird zum „Erfolg" des Ethno-Pluralismus umgedeutet. Daß es in solch einer „Idylle" der nebeneinander in durchaus normaler Konfliktbereitschaft verharrenden Ethnien zu Gewaltausbrüchen kommt, wird von Politikern wie Heiner Geißler nicht als Fehlschlag der „Multikultur" gewertet. Vielmehr dienen sie als Anlaß, die „Erziehung" des (deutschen) Volkes zu mehr „Toleranz" zu verstärken. Daß die penetrante Geißelung vermeintlich „deutscher" Unduldsamkeit und angeblich „weitverbreiteter" Ausländerfeindlichkeit durch die öffentlich-rechtlichen Erziehungsanstalten, sprich Medien, allmählich mehr Antireaktionen als „Einsicht" auslöst, wird von Chefredakteuren wie Politikern geflissentlich übersehen.

Vollends ungemütlich wird es für das ursprüngliche Staatsvolk in einer „Multikultur", wenn es durch zu hohe Einwanderungszahlen und eine höhere Geburtenhäufigkeit der Einwanderer in die Minderheit zu geraten droht. Früher oder später wird das neue Staatsvolk dann nach Meinung der Ideologen durch verschiedene „gleichberechtigte" ethnische Gruppen gebildet, die nicht mehr durch das Band des Volkes oder der Nation zusammengehalten werden. Insofern geht die Idee der multikulturellen Gesellschaft mit der Ablehnung des „völkischen Nationalstaates" einher. Statt dessen wird die „offene Republik" gefordert, die Dieter Oberndörfer so beschreibt:

„Die Idee der Republik hat ein weltbürgerliches Wertfundament. Sie leitet die Rechte, die den Bürgern gewährt werden, aus universal gültigen Menschenrechten ab... Bürger einer Republik können prinzipiell alle Menschen werden, die sich zur republikanischen Verfassung bekennen. Die weltbürgerliche Wertsubstanz der Republiken verlangt daher die Offenheit nach außen... Im Unterschied zum Nationalstaatsgedanken fordert die Idee der Republik zur Überwindung der provinziellen, stammesförmigen Aufsplitterung der Menschheit in Nationalstaaten auf...

Nicht mehr der Frondienst für die Nation oder die Befragung ihrer angeblichen eigentlichen nationalen Geschichte, sondern die Mitwirkung am Bau einer freien und gerechten Ordnung können für das politische Handeln bestimmend werden.

Das einheitsstiftende Fundament der Republiken sind der Verfassungspatriotismus und seine Verfassungsmythen... Ein multiethnisches und multikulturelles Europa, das allen seinen Bürgern Freizügigkeit gewährt, ist nur auf der Grundlage eines neuen republikanischen Verfassungspatriotismus Europas stabilisierbar... Dabei gewinnt die Offenheit des künftigen Europas für Einwanderer und Asylgewährung eine grundlegende Bedeutung für seine republikanische Legitimierung. Wie die amerikanische Republik muß jetzt auch die europäische Republik der Zukunft eine nach außen offene, kosmopolitische Republik sein."[1)]

Die „offene Republik" als Voraussetzung für eine multikulturelle Gesellschaft entspringt also der Kritik an der Nationalstaatsidee. Sie führt zu einer Auflösung des Staatsvolkes im Sinne einer Nation zugunsten eines Vielvölkerstaates. Solche Ideen lesen sich sehr gut: Offene Grenzen, universale Rechte, Weltbürgertum, Verfassungspatriotismus. Das sind Worte mit positivem Beigeschmack. Wer möchte einer solchen Idee nicht folgen?

Leider handelt es sich dabei um eine Utopie. Ähnlich den kommunistischen Visionen gebricht es dieser Idee an dem, was sie möglich machen würde: Den Menschen, die so empfinden, denken und wollen. Wenn die Menschen Engel wären, hätte der Sozialismus funktioniert. Da sie es nicht sind, wird auch die multikulturelle Gesellschaft nicht funktionieren. Utopien werden in der Regel durch die Wirklichkeit widerlegt. Das gilt es rechtzeitig zu erkennen.

Auf die Unrealisierbarkeit einer Utopie zu verweisen, soll sie keinesfalls herabsetzen. Man muß nicht darauf verzichten, die Menschen durch Erziehung dahin zu bringen, daß sie sich primär als Weltbürger erleben, keine Ängste vor zu vielen Fremden haben und sich ihre Solidaritätsbereitschaft auf die ganze Menschheit erstreckt. Nur sollten wir im Auge behalten, daß bloß ein sehr kleiner Teil der Menschheit zu solch einem Empfinden gebracht werden kann. Ein Blick auf die Geschichte der Kirche sollte für eine gewisse Skepsis sorgen: Gerade von ihrer Seite ist heute oft zu hören, man kenne keine Ausländer, nur Menschen. An sich hätten die Kirchen seit 2.000 Jahren den Versuch unternehmen müssen, die Menschen zu diesem Standpunkt hin zu erziehen. Genau das haben sie aber nicht getan, sie haben sich vielmehr zuweilen massiv mit der nationalen Idee identifiziert. Dies gilt für die serbische orthodoxe Kirche wie für die polnische katholische Kirche. Dies galt auch für die protestantische Kirche im Preußen des 19. Jahrhunderts. Diese und andere Traditionen sollten kirchlichen Vertretern Zurückhaltung bei der Kritik am Nationalstaat auferlegen. Die Idee des Nationalstaates und das Denken und Fühlen in nationalen Kategorien haben in der europäischen Welt von heute durchaus noch Relevanz. Daran kann kein Politiker vorbeigehen.

Das gebrochene Verhältnis der Deutschen zur Nation bis hin zu der Frage, ob sie nach Auschwitz noch ein Recht auf den Nationalstaat haben, mag Grund dafür sein, daß die Fragen einer offenen Republik und einer multikulturellen Gesellschaft gerade in Deutschland besonders heftig diskutiert werden. Dabei konnten bisher weder Notwendigkeit noch Berechtigung solcher Ideen wirklich dargelegt werden. Leichter fällt es, Gegenargumente zu finden. Gegen die „multikulturelle Gesellschaft" und eine „offene Republik" sprechen im einzelnen folgende Überlegungen:

1. Das Recht auf Heimat
Wer die Menschen kennt, weiß, daß sie eine Heimat brauchen.

Herder meinte, Heimat sei da, wo man sich nicht erklären muß. Das ist der Ort der Geborgenheit, wo man sich anlehnen kann, wo man ohne viel Worte verstanden wird, wo es Selbstverständlichkeiten, vielleicht sogar Tabus gibt. Die Heimat zu verlieren, heißt auch, einen Identitätsverlust zu erleiden. Heimat ist der Ort, wo ich gelebt, geliebt, gelitten und kultiviert habe. Kultiviert, das ist auch in dem Sinne gemeint, wie der kleine Prinz seine Rose pflegt, um sie zu besitzen. Dieses Recht auf Heimat hat auch völkerrechtlich seine Anerkennung gefunden. Trotzdem haben viele Menschen ihre Heimat durch Vertreibung verloren. „Ethnische Säuberung" ist nur eine vornehme Umschreibung dessen, was heute im ehemaligen Jugoslawien geschieht.

Man kann seine Heimat freilich auch durch eine Masseneinwanderung verlieren, die die Umwelt und die Lebensbedingungen eines Menschen so verändert, daß dies einem Verlust an Heimat gleichkommt. Dagegen wehren sich die Menschen mit Recht. Ein Kreuzberger, der diesen Berliner Bezirk als seine Heimat empfand, ist vielleicht eines Tages aufgewacht, hat sich die Augen gerieben und erkannt, daß dies nicht mehr sein Kreuzberg ist.

In der Praxis kollidiert das Recht auf Heimat mit dem von Verfechtern der „offenen Republik" geforderten Recht auf Freizügigkeit, ebenso wie es mit dem unbeschränkten Asylrecht kollidiert, wenn dieses zur Massenmigration führt. Daß letzteres in Deutschland der Fall ist, kann kaum bestritten werden. Schließlich nimmt Deutschland derzeit mehr Menschen auf als Australien und Kanada zusammen. Kaum bekannt ist hierzulande, daß die Vollversammlung der Vereinten Nationen zur Verhinderung von unerwünschten Masseneinwanderungen im Jahre 1967 beschlossen hat, daß der Schutz der Identität, das Recht auf Heimat dem Asylanspruch vorgeht.[2]

In einer „offenen Republik", in einer „multikulturellen Gesellschaft" kann der Mensch, wie gesagt, seine Heimat schnell verlieren. Günther Nenning hat diesen Zusammenhang in der ihm eigenen Sprache treffend ausgedrückt: „Ja, das Menschenrecht auf Freizügigkeit gibt es, laßt es uns hochhalten. Das Recht, bei sich daheim zu sein, in seinem eigenen Land, mit Wurzeln, die hinunterreichen in alle Tiefen und Untiefen der eigenen Kultur – dieses Menschenrecht gibt es auch. Hören wir auf, es zu verstecken, in den Ritzen eines berechtigt schlechten Gewissens."[3] Und gewissermaßen als

Mahnung an viele fügt er hinzu: „Das Menschenrecht auf Freizügigkeit zu feiern als ‚fortschrittlich'; das Menschenrecht auf Daheimsein in der eigenen Nation zu verteufeln als ‚faschistoid': Das ist demokratische Gedankenlosigkeit, die nicht der Demokratie nützt, sondern neuem Faschismus."[4]

Es geht also um nicht mehr und nicht weniger als die Grenzen der Wanderung. Die Einwanderung darf nicht zum Identitätsverlust der Gastgeber führen. Der jetzige Bundespräsident Richard von Weizsäcker hat das als Regierender Bürgermeister von Berlin in die Worte gefaßt:

„Nur wenn es gelingt, wirksame Maßnahmen gegen einen weiteren Ausländerzuzug zu ergreifen, nur dann werden wir mit denen, die hier verbleiben, zu einer menschenwürdigen Mitbürgerschaft kommen."[5]

Dahinter steht die Einsicht, daß mit der Zahl der Fremden irgendwann auch die Fremdenfeindlichkeit der Einheimischen wächst. Die kritische Dosis oder die verkraftbare, integrierbare Zahl, die die Obergrenze bildet, kann keiner genau bestimmen. Denn es hängt eben nicht nur von der Zahl ab, sondern auch von der kulturellen Distanz der aufeinandertreffenden Ethnien. Bereits im Januar 1973, als es weniger als 2,5 Millionen Ausländer in der Bundesrepublik Deutschland gab, sagte der damalige Bundeskanzler Brandt: „Es ist aber notwendig geworden, daß wir sehr sorgsam überlegen, wo die Aufnahmefähigkeit unserer Gesellschaft erschöpft ist und wo soziale Vernunft und Verantwortung Halt gebieten. Wir dürfen das Problem nicht dem Gesetz des augenblicklichen Vorteils überlassen."[6] Im November 1981 meinte Helmut Schmidt auf einer DGB-Veranstaltung in seinem Hamburger Wahlkreis: „Wir können nicht noch mehr Ausländer verdauen, das gibt Mord und Totschlag." Schon im September 1980 hatte er festgestellt, Deutschland habe vier Millionen Ausländer aufgenommen, man wolle keine sechs Millionen. Der ehemalige Ausländerbeauftragte der Bundesregierung, der frühere Ministerpräsident von Nordrhein-Westfalen, Heinz Kühn, meinte einmal: Die Integration sei möglich bei einem Ausländeranteil im Gemeinwesen von bis zu 10 %. Am 11. November 1981 beschloß die damalige sozialliberale Bundesregierung: „Die Bundesrepublik Deutschland soll und will kein Einwanderungsland werden – es besteht in der Koalition Einigkeit darüber, daß Zuzug und Nachführung von Familienangehörigen von Ausländern außerhalb der EG mit allen rechtlichen Mitteln gestoppt werden."[7] Am 10. November 1981 hatte Bundeskanzler Helmut Schmidt vor dem Bundesverband Deutscher Zeitungsverleger erklärt: „Mit weit über 4 Millionen (Ausländern) ist die Aufnahmefähigkeit der deutschen Gesellschaft erschöpft, wenn nicht ganz große Probleme entstehen sollen... Mehr als 4,5 Millionen können wir nicht mit Anstand verdauen. Und insbesondere können wir mit Anstand nicht die Scheinasylanten verdauen, die zu uns kommen, weil bei uns das Arbeitslosengeld sehr viel höher liegt als bei ihnen zu Hause der Spitzenlohn."[8] Die kritische Grenze, wo die Zuwanderung zum Gift für die Integration wird, gibt es jedenfalls. Und wenn die Mehrzahl der Deutschen meint, diese Grenze sei erreicht, dann ist sie erreicht: die Politik hat das zu beachten.

2. Multikultur führt zu Multikonflikten

Es gilt heute im allgemeinen als erstrebenswert, daß ein Volk sein Geschick selbst bestimmen kann: in einem eigenen Nationalstaat oder mittels Autonomie und eigenem Gebiet in einem multiethnischen Staat. Die prinzipiell angestrebte Homogenität betrifft nicht nur die Lebensverhältnisse und das innerstaatliche Recht, sondern ebenso die Volkszugehörigkeit. Auch das Grundgesetz geht davon aus, daß die deutschen Staatsangehörigen im Grundsatz deutsche Volkszugehörige sind. Daraus ergibt sich einerseits die Verpflichtung, deutschen Volkszugehörigen, die aus dem Ausland zu uns kommen, die Staatsangehörigkeit zu verleihen. Auch ist es der Auftrag des Grundgesetzes, die nationale und staatliche Einheit zu wahren. Verfassungsgesetzgeber ist das deutsche Volk in seinen Ländern, und auch der Name Bundesrepublik Deutschland enthält eine Verpflichtung zur deutschen Identität. Gewiß kann sich mit der Wirklichkeit auch das Recht ändern, aber viele Gründe sprechen dafür, die rechtlichen Grundlagen, die keine „multikulturelle" Gesellschaft kennen, beizubehalten, um Schaden von unserem Volk abzuwenden. Das Zusammenleben von Menschen unterschiedlicher Rasse, Nationalität, Hautfarbe und religiöser Bekenntnisse hat sich zu allen Zeiten und in allen Ländern als problematisch und konfliktträchtig erwiesen. Es vergeht kaum ein Tag, an dem die Medien nicht aus vielen Teilen der Welt über erbitterte und mit größter Grausamkeit geführte Auseinandersetzungen zwischen verschiedenen Volksgruppen berichten. Denn „multikulturelle" oder multinationale Gesellschaften sind zumeist Konfliktgesellschaften. Staatliche Maßnahmen zur Gewährleistung eines geordneten Zusammenlebens müssen von einem hohen Maß an Sensibilität, Geschick, Realismus und Einsicht in psychologische Gesetzmäßigkeiten geprägt sein. Nur so kann die höchst labile und permanent gefährdete Balance zwischen den miteinander rivalisierenden beziehungsweise einander feindselig gegenüberstehenden Volksgruppen gewahrt werden.

In der Regel läßt sich eine relativ homogene Staatsbevölkerung leichter regieren, weil sie eine größere Gewähr für die Bewahrung des inneren Friedens bietet. Es macht, wohlgemerkt, einen Unterschied, ob es sich bei den ethnischen Minderheiten um autochthone Bevölkerungsteile handelt wie die Basken in Spanien oder die Tiroler in Italien. In diesem Falle stellt sich die Frage besonderer Formen der Autonomie. Anders ist es, wenn multiethnische Strukturen aufgrund von Einwanderung zustande kommen. Auch dann wiederum macht es einen Unterschied, ob im 18. und 19. Jahrhundert Menschen nach Amerika wanderten, wo sie in einen fast menschenleeren Kontinent kamen, oder ob die Wanderung in ein bereits dichtbesiedeltes Land, wie die Bundesrepublik, erfolgt. Je dichter die schon vorhandene Besiedelung, desto größer ist das Konfliktpotential.

Natürlich ist es keineswegs gleichgültig, aus welchem Kulturkreis die Einwandernden kommen. Handelt es sich um den Zuzug genetisch und kulturell nah Verwandter, dann pflegen sich Immigranten schnell zu integrieren, das heißt, sie übernehmen Sprache und Kultur des Volkes, das sie aufnahm. Dies gilt etwa für die französischen Hugenotten, die nach Deutschland kamen. Kommen die Einwandernden aber aus ganz anderen Kulturkreisen, dann kann es zu lang anhaltenden oder gar dauernden Abgrenzungen kommen. Dies wird sicher für nordafrikanische Muslime in Frankreich gelten, aber auch für Türken, die nach Deutschland kommen. Die blutigen Unruhen im Frühjahr 1992 in Los Angeles zeigten, wie explosiv sich eine latente Konfliktbereitschaft entladen kann. Es handelte sich nicht um eine „Rebellion" von „reich gegen arm", von „schwarz gegen weiß", wie uns das deutsche Fernsehen einreden wollte. Nein, es war – von der großen Zahl beliebiger Plünderungen abgesehen – vor allem eine Auseinandersetzung zwischen Schwarzen und den wirtschaftlich im allgemeinen erfolgreicheren asiatischen (koreanischen) Einwanderern sowie zwischen süd- und mittelamerikanischen Latinos und anderen Bevölkerungsgruppen. Die Gewalt wurde zum nicht geringen Teil zwischen verschiedenen Einwanderergruppen ausgetragen. Es fällt nicht schwer, sich ähnliche Szenarios in Deutschland auszumalen, wo es zwischen Kurden und Türken leider immer stärker gärt. Die Lehre aus diesen türkisch-kurdischen Spannungen kann nur lauten: Eine ungesteuerte, wahllose Einwanderung führt schnell zum Import fremder Ethno-Konflikte, die um so schlimmer ausfallen, je weniger die Einwanderer bereit sind, im neuen Land ihre alte Identität aufzugeben.

Der von „Multi-Kulti"-Ideologen unternommene Versuch, die Wanderung der Hugenotten nach Preußen mit den heutigen Wanderungsströmen zu vergleichen, ist absurd. Die protestantischen Franzosen wurden von einem menschenarmen Brandenburg aufgenommen, dem der Dreißigjährige Krieg schwere Wunden geschlagen hatte. Sie waren handwerklich gut ausgebildet und der heimischen Bevölkerung teils überlegen. Es handelte sich tatsächlich um eine Bereicherung.

Jetzt kommen Millionen Arme, die sprachunkundig, unausgebildet, ja teilweise Analphabeten sind. Sie kommen in ein Land, das allenfalls qualifizierte Arbeitskräfte benötigt, weil die lohnintensiven einfachen Tätigkeiten in Billiglohnländer verlagert wurden und werden: Fast jeden Tag berichtet der Wirtschaftsteil der Zeitung von Unternehmen, die einen heimischen Produktionsstandort schließen, um ihn nach Portugal, Polen oder in die Tschechische Republik zu verlegen.

In den deutschen Schulen wird das Unterrichtsniveau durch die Zuwandererkinder gedrückt, und die deutschen Kinder finden sich zum Teil als Minderheit in der Klasse wieder. Dies und manches andere schafft latente Konflikte. Man kann sie nur durch eine Kontrolle der Zuwanderung entschärfen.

Alles Lebendige zeichnet sich durch Wachstum und Vergehen aus. Deshalb bedarf es der Zeit. Konflikte lassen sich nur vermeiden, wenn Zeit für ein allmähliches Gewöhnen da ist und die Zuwanderung maßvoll erfolgt. Die Zahlen dürfen nicht zu hoch, die Gewöhnungszeit darf nicht zu kurz sein. Unser heutiges Problem ist kompliziert, weil es nicht mehr darum geht, im Lauf einer tausendjährigen Geschichte die verschiedensten europäischen Individuen in einen langsam sich wandelnden Volkskörper einzubeziehen, sondern weil in sich geschlossene fremde Volksgruppen auf ein Staatsvolk mit einer ausgeprägten Identität stoßen. Dynamik und Umfang dieser Zuwanderung sind kaum mit bisherigen Vermischungs- und Integrationsprozessen zu vergleichen. Es entwickeln sich in der Bundesrepublik Deutschland Phänomene, die selbst einen bekennenden Internationalisten an seinen Überzeugungen irre werden lassen müssen.

Zweifellos muß es das Bemühen der Politik sein, ein Zusammenleben verschiedener Ethnien zu gewährleisten. Das ist ein selbstverständliches Postulat, und durch Predigten soll man es einfordern. Nur sollten wir uns der begrenzten Wirksamkeit solcher Predigten bewußt sein. Übertreibt man damit gar, wird eher das Gegenteil des Gewollten erreicht. Politik aber muß letztlich mit den Realitäten fertig werden. Das Modell vom multikulturellen Zusammenleben ist nun einmal ein Ideal, das nicht mit der Wirklichkeit in Einklang gebracht werden kann.

Wenn die Bundesrepublik von akuten Spannungszuständen zwischen der einheimischen Bevölkerung und ausländischen Bevölkerungsgruppen bislang glücklicherweise verschont geblieben ist, so kann doch nicht in Abrede gestellt werden, daß es bei großen Teilen der deutschen Bevölkerung von Beginn der Gastarbeiteranwerbung an bis auf den heutigen Tag starke Vorbehalte gegen die Anwerbungspolitik und insbesondere ihre quantitative Dimension gegeben hat. Tatsächlich sind die Deutschen nicht mehr oder weniger „ausländerfeindlich" als andere Nationen. Aber mit dem Ende der Vollbeschäftigungsära und dem Eintritt in eine Phase lang anhaltender Massenarbeitslosigkeit hat sich die Stimmung naturgemäß verändert. Die Bevölkerung empfindet die Gastarbeiterbeschäftigung in ihrem derzeitigen Umfang als eine Belastung des Wirtschafts- und Sozialsystems, die mit dem beiderseitigen Nutzen, die der ursprünglichen Gastarbeiteranwerbung zugrunde lag, nichts mehr zu tun hat. Vielmehr sind ein Import der sozialen Probleme anderer Länder und eine Blockierung dringend benötigter Arbeitsplätze durch Ausländer an die Stelle der Vergabe freier Arbeitsmarktkapazitäten an Gastarbeiter getreten. Deshalb muß bei realistischer Betrachtungsweise festgestellt werden, daß der Frieden zwischen der einheimischen Bevölkerung und den in unserem Lande lebenden Ausländern außerordentlich labil ist und schon bei geringfügigen Anlässen erschüttert zu werden droht. Dies um so mehr, wenn Anlaß, Reaktionen und Gegenreaktionen zur wechselseitigen Eskalation führen. Siehe die Ausschreitungen in Solingen.

Zu einer in diesem Sinne gefährlichen Einflußgröße hat sich in der Vergangenheit die von der deutschen Bevölkerung als falsch, wirklichkeitsfremd und ihren Interessen zuwiderlaufend empfundene Asylpolitik entwickelt. Weite Kreise der Bevölkerung sind nicht mehr bereit oder auch nicht in der Lage, im gebotenen Maße zwischen „Asylbewerbern" und sonstigen „Ausländern" zu differenzieren. Die bis vor kurzem gezeigte Hilflosigkeit der Bundesregierung auf dem Gebiet der Asylpolitik trug leider dazu bei, generell den Unmut gegen „die Ausländer" zu schüren. Deshalb liegt die Änderung der Asylpolitik auch und gerade im Interesse der in unserem Land lebenden Ausländer.

Auch nach der Grundgesetzänderung bleibt das Thema Asyl einstweilen von großer Brisanz: der Zustrom von Asylbewerbern nach Deutschland hat noch nicht stark genug nachgelassen. Es bedarf deshalb nur geringer Phantasie, um sich eine Kombination von Faktoren vorzustellen, die in Wechselwirkung eine gefährliche Eskalation auslösen könnten: anhaltende Asylmigration, weiterhin angespannte Arbeitsmarktsituation und womöglich ein Ausbruch „importierter" Konflikte zwischen verschiedenen Asylanten und Einwanderergruppen. Fehlende oder zu schwache Reaktionen von staatlicher Seite könnten dann bei unserer Bevölkerung den Eindruck hervorrufen, die Politik sei inkompetent und von falsch verstandenem Liberalismus, Sozialromantizismen und Schuldkomplexen geprägt anstatt von dem Bemühen, die durchaus nicht unbegründeten Gefühle des Bedrängt- und Bedrohtseins zu verstehen und entsprechende Maßnahmen daraus abzuleiten. Daß der Staat es nach den Morden in Solingen hinnahm, daß Türken auf mehreren Autobahnen im Bundesgebiet stundenlang den Verkehr zum Erliegen brachten, verheißt nichts Gutes.

Hinweise auf solche Gefahren und mögliche Wechselwirkungen sind nicht etwa ein „Ausländer raus!"-Plädoyer, sondern vielmehr ein Appell zu mehr politischer Konsequenz und zu mehr Respekt gegenüber den berechtigten Anliegen des so viel zitierten „mündigen Bürgers". Allzu leichtfertig wird dieser Bürger heute von Politikern und Medien als „Stammtischbruder" diffamiert.

3. Die Grenzen des Verfassungspatriotismus

Die Anhänger der „offenen Republik" bedürfen natürlich eines Ersatzes für die Bindungskraft und identitätsstiftende Wirkung der Nation. Sie bieten die Liebe zur Verfassung, einen Verfassungspatriotismus an. Es gibt begründete Zweifel, ob eine solche abstrakt-intellektuelle Geisteshaltung überhaupt eine breitere Verankerung in der Bevölkerung haben kann und sich nicht – was wahrscheinlich ist – nur auf akademische Schichten beschränken würde. Aber selbst bei gutem Willen aller bleibt die Frage, ob eingewanderte Ethnien überhaupt in der Lage sein werden, einen Verfassungspatriotismus zu empfinden, denn dieser setzt ein inneres Akzeptieren der Verfassung voraus.

Unsere Verfassung ist prinzipiell pluralistisch tolerant, zurechtgeschnitten auf eine säkuläre Gesellschaft. Die Aufklärung, die dieser Säkularisierung vorausging, hat es im Islam bisher nicht gegeben. Eine Verfolgungswut gegenüber Salman Rushdie gibt es nicht nur im Iran, sondern auch in der Türkei – ein Fanatismus, der jüngst bei Übergriffen von Fundamentalisten über dreißig Menschenleben forderte.

Auch in Koranschulen in Deutschland wird dieser Geist gepredigt, der mit unserer Verfassung nicht übereinstimmt. Überzeugte Muslime können also schwerlich Verfassungspatrioten in Deutschland sein. Wenn der Verfassungspatriotismus Schlüssel für die Integration sein soll, dann entpuppt sich der Islam als ausgemachtes Integrationshemmnis. Es fragt sich, inwieweit der Muslim beispielsweise die Gleichberechtigung der Frau oder die Trennung von Staat und Religion wirklich akzeptieren kann. Bedenkenswert ist, daß auch die sogenannten liberalen Schulen des Islam fordern, die endgültige Abwendung vom Islam sei mit dem Tode zu bestrafen. Dies ist natürlich mit dem westlichen Verständnis von Religionsfreiheit nicht zu vereinbaren. Eine Integration der Moslems durch Aufgabe des Islam ist deshalb auch kaum zu erwarten. Eine Integration der Moslems als Moslems wiederum kann allenfalls oberflächlich sein. Für liberale und demokratische Werte wie Religionsfreiheit, Trennung von Staat und Kirche und die Gleichberechtigung der Geschlechter wurde in Europa jahrhundertelang gekämpft. Es ist schon eine besondere Ironie, daß gerade die linken und liberalen Kräfte, die diesen Kampf ausgefochten haben, heute die eifrigsten Prediger einer Einwanderungspolitik sind, die in ihren Resultaten die abendländischen Grundwerte gefährden muß.

So gibt es denn keinen wirklichen Grund für die Annahme, alle einwandernden Ethnien würden die Theorie einer offenen Republik akzeptieren.

4. Verminderung der Solidaritätsbereitschaft

Das der multikulturellen Gesellschaft zuzuordnende Modell der „offenen Republik" löst das Staatsvolk schließlich auf. Es wäre nicht mehr im klassischen Sinne konstitutives Element eines Staates. Vielmehr handelte es sich um ein Sammelsurium von verschiedenen Menschen, die im Zweifel nach dem Motto leben: ubi bene, ibi patria. Tatsächlich erfolgt die Wanderung primär unter dem Gesichtspunkt einer Suche nach ökonomischen Vorteilen. Wenn es dem erwählten Lande dann schlechter geht, kann man es jederzeit verlassen. Sehr eindringlich hat der Leiter der Verfassungsabteilung im Bundesinnenministerium, Ministerialdirektor Dr. Eckart Schiffer, in einem Vortrag auf die „schicksalhafte Verbundenheit" der Staatsbürger verwiesen, die sie von Personen unterscheidet, die sich im Staatsgebiet vorübergehend oder auch auf Dauer aufhalten:

„Es ist daran festzuhalten, daß zu den realen Grundlagen eines Staatswesens neben dem Staatsgebiet und der Staatsgewalt – auch heute noch – das Staatsvolk gehört. Das Staatsvolk ist – im Gegensatz zur Gebietsbevölkerung – die Gesamtheit der dem Staat dauerhaft verbundenen Bürger. Sie verkörpern den Staat. Sie sind an der demokratischen Willensbildung beteiligt. Sie legitimieren seine Existenz und sein Handeln: Die Staatsgewalt. Die Staatsbürger sind ihrem Staat auch nach außen im Verhältnis zu anderen Staaten auf Dauer verhaftet. Im Ausland haben sie gegenüber ihrem Heimatstaat Anspruch auf Schutz. Im Ausland, aber auch im Inland haben sie gelegentlich schicksalhaft mit Leben, Freiheit und Gut für das Handeln ihres Staates einzustehen."[9]

In einer multikulturellen Gesellschaft müßten Fragen von Schuld und Verantwortung ebenso in einem ganz anderen Lichte erscheinen wie Stolz und Identifikationsbereitschaft. Die ganze Diskussion über deutsche Schuld und Verantwortung für das Nazi-Regime verlöre, bezogen auf eine multikulturelle Gesellschaft, ihren Sinn. Treffend vermerkt Eckhard Fuhr in der „Frankfurter Allgemeinen Zeitung" den Widerspruch, in dem sich die Anhänger einer offenen Republik oftmals verfangen: „Für die Kinder einer multikulturellen

Zukunft ist die Nation historischer Plunder, den sie gerne loswürden. Um ihren Argumenten und Forderungen moralisches Gewicht zu verleihen, greifen sie aber unbekümmert auf die Nation zurück. Täglich kann man lesen, daß die Deutschen wegen ihrer nationalsozialistischen Vergangenheit eine besondere Verpflichtung hätten, Fremden gegenüber tolerant zu sein, das Asylrecht großzügig auszulegen und überhaupt Anfälle von Nationalgefühl mit kalten Güssen zu bekämpfen."[10]

Wer mit deutscher Schuld und Verantwortung argumentiert, setzt die Nation als Schicksalsgemeinschaft voraus. Ein nüchtern-trockenes, vielleicht sogar emotionsloses Verhältnis zur Verfassung kann den Menschen kaum einen Ersatz bieten für das, was sich mit Staatsangehörigkeit verbindet. Selbst Daniel Cohn-Bendit sieht diesen Mangel der multikulturellen Gesellschaft, wenn er schreibt: „Die multikulturelle Gesellschaft ist hart, schnell, grausam und wenig solidarisch, sie ist von beträchtlichen sozialen Ungleichgewichten geprägt und kennt Wanderungsgewinner ebenso wie Modernisierungsverlierer, sie hat die Tendenz, in eine Vielfalt von Gruppen und Gemeinschaften auseinanderzustreben und ihren Zusammenhalt sowie die Verbindlichkeit ihrer Werte einzubüßen."[11]

Der Staatsbürger ist seinem Lande nicht nur durch Rechte verbunden, sondern eben auch durch Pflichten. Er ist verantwortlich. Das Bewußtsein von Zusammengehörigkeit existiert, obwohl es Anfechtungen gab und immer geben wird. Trotz aller Ossi- und Wessi-Vorwürfe existiert das Gefühl einer Nation. Die Solidargemeinschaft läßt sich nachweisen. Das muß nicht zu einem Nationalstolz führen, der andere Völker herabsetzt. Mit gut und besser hat das nichts zu tun, wohl aber mit dem Satz, daß man den Nächsten lieben soll wie sich selbst. Die eigene Nation steht einem näher. Man ist ihr stärker verpflichtet. Fest steht: Für einen bloßen „Verfassungspatriotismus" als einigendem Band sind die jetzt und hier lebenden Menschen nicht geeignet. Humanitäre Hilfsbereitschaft mag ein Anspruch sein, den jedermann erwarten kann. Solidarität bezieht sich aber auf die besondere Gruppe.

Die offene Republik ist der Idee eines grenzenlosen Europa, ja einer grenzenlosen Welt vergleichbar. Dieser Traum ist immer wieder geträumt worden. Da oder dort hat dieses Ziel absoluter Freizügigkeit auch Eingang in internationale Dokumente gefunden. Aber die Welt, wie sie ist, und die Menschen, wie sie sind, stehen dem entgegen. Solange es z. B. erhebliche Unterschiede in der Wirtschaftsstruktur und ein beachtliches Wohlstandsgefälle gibt, werden Grenzen ihren Sinn behalten. Solange es Völker mit eigener Identität gibt, werden Grenzen ebenfalls ihren Sinn behalten. Es geht also darum, zwischen völliger Abschottung und offener Republik Maß und Mitte zu finden. Der Sinn der Grenzen besteht nach wie vor auch darin,

- die Integrationsfähigkeit zu bewahren, die bei Masseneinwanderung verlorenginge;
- den inneren Frieden zu bewahren, der in multikulturellen Strukturen hochgradig gefährdet wäre;
- die Heimat zu bewahren, die durch Überfremdung verlorengehen kann;
- das ökonomische Gleichgewicht in einem Lande zu bewahren, das durch Masseneinwanderung und einem daraus folgenden Überangebot von ungelernten Arbeitskräften gefährdet werden kann.

Fazit: Die multikulturelle Gesellschaft löst die Probleme nicht, sie schafft sie.

Literatur

[1] Die Zitate stammen aus dem Aufsatz von Dieter Oberndörfer: Wohin entwickelt sich Europa? Nationalstaatsidee und europäischer Verfassungspatriotismus, in: Zeitschrift zur politischen Bildung. 1/1993, S. 11–17.
[2] Artikel 3 der Resolution 2312 (XXII) vom 14.12.1967.
[3] Günther Nenning: Die Nation kommt wieder. Zürich-Osnabrück 1990, S. 112.
[4] Ebenda.
[5] Regierungserklärung vom 2. Juli 1981. Plenarprotokoll des Berliner Abgeordnetenhauses, 9. Wahlperiode, 3. Sitzung.
[6] Regierungserklärung vom 18.1.1973. Plenarprotokolle des Bundestages, 7. Wahlperiode, 7. Sitzung.
[7] „Die Welt" vom 12.11.1981.
[8] Die Rede wurde nicht veröffentlicht.
[9] Das Zitat stammt aus einer auf einem Seminar der Hans-Seidel-Stiftung vom 8.–10. Juli 1991 in Banz gehaltenen Rede.
[10] Eckhard Fuhr: „Keine Vielvölkerrepublik", in: FAZ vom 13.2.1992.
[11] Zitiert ebenda.

Irenäus Eibl-Eibesfeldt

ZUKUNFT MULTIKULTURELLE GESELLSCHAFT?

Wir erleben bewegende Tage! Die trennende Grenze durch Mitteleuropa hat sich aufgelöst, die Vision eines gemeinsamen europäischen Hauses nimmt Formen an. Wie aber soll dieses Europa aussehen? Charles de Gaulle, einer der Väter des neuen Europa, sah es als Europa der Vaterländer vom Atlantik bis zum Ural. Die traditionellen Nationalstaaten Europas sollten mit ihrem spezifischen kulturellen Erbe überleben und zur Buntheit eines in einem Staatenbund geeinigten multikulturellen Europa beitragen.

Dem stehen Bestrebungen entgegen, die Nationalstaaten zu überwinden. Dazu sollten sich die europäischen Staaten Einwanderern aus aller Welt öffnen, und diese sollten ermutigt werden, ihre Eigenarten beizubehalten und ihre eigene Kultur im jeweiligen Gastland zu pflegen. Ein „Verfassungspatriotismus", so Heiner Geißler,[1] soll die Verschiedenen miteinander verbinden. Das enge Zusammenleben in einer solchen multikulturellen Gesellschaft, so meint er, würde ethnische und rassistische Vorurteile abbauen helfen. „Assimilation, völkisch-kulturelle Integration werden weitgehend der Vergangenheit angehören", schreibt er im Hinblick auf Deutschland. „Türken und Jugoslawen, Italiener und Spanier, Marokkaner und Japaner, Tamilen und Inder, Iraner und Libanesen kann man nicht zu Germanen machen." (SPIEGEL 13, S. 170, 1990.)

Wer für den Nationalstaat ist, gilt für ihn als „kultureller Chauvinist". Extremer äußern sich Lutz Hoffman und Herbert Even,[2] denenzufolge Deutsche bereits ausländerfeindlich handeln würden, wenn sie von Deutschland und den Deutschen redeten.

Während die einen den Nationalstaat grundsätzlich ablehnen, halten andere nur einen Nationalstaat der Deutschen für gefährlich. In diesem Zusammenhang wird selbst das Schreckensbild einer von Großmachtphantasien bewegten Nation bemüht. „Die Deutschen erwachen wieder einmal!" heißt es bei Walter Böhlich (SPIEGEL 11, 1990), und weiter: „Wollt ihr die totale Wiedervereinigung? Die Antwort kennen wir ja von früher." Ein deutscher Nationalstaat wird abgelehnt, jener anderer Länder dagegen akzeptiert. „Die nationale

Idee hat im Westen Erfolg gehabt. Der französische Nationalstaat ist ein erfolgreiches, geglücktes historisches Gebilde. In Mitteleuropa hat der Nationalismus zerstörerisch gewütet. Für die Zukunft kommt es darauf an, ihn zu bekämpfen, wo immer er auftritt, und ihn nicht zu verklären und zu einer Art Naturrecht aufzuwerten" (Peter Glotz, DIE ZEIT 49, 1988). Hätte Peter Glotz[3] in den Jahrzehnten nach den Napoleonischen Kriegen gelebt, wäre sein Urteil vermutlich anders ausgefallen.

Die Annahme, daß die Deutschen aufgrund besonderer Erbanlagen außergewöhnlich aggressiv seien, ist sicher absurd. Genetisch unterscheiden sich die europäischen Völker nicht nennenswert voneinander. Die Geschichte lehrt ferner, daß unter bestimmten historischen Konstellationen die verschiedensten Völker Europas als Eroberer auftraten, die Schweden ebenso wie die Deutschen, Franzosen, Spanier, Engländer, Italiener oder Russen, ferner, daß alle in gleicher Weise religiös oder national indoktrinierbar sind und dann im blinden Fanatismus Andersdenkende morden und foltern. Nationalismus und politischer Fanatismus sind keine spezifisch deutschen Erfindungen. Es gilt daher, allgemein menschliche Eigenschaften wie die Indoktrinierbarkeit, das Machtstreben und die Neigung zum Ethnozentrismus zu verstehen, um Eskalationen ins Destruktive zu vermeiden.

Zunächst einmal ist es wichtig, sich darüber klar zu werden, daß wir Menschen mit angeborenen verhaltenssteuernden Programmen ausgerüstet sind, die Wahrnehmen, Denken und Handeln in ganz entscheidender Weise mitbestimmen. Diese Programme entwickelten sich in jener langen Zeit, in der unsere Vorfahren auf altsteinzeitlicher Entwicklungsstufe als Jäger und Sammler in Kleinverbänden lebten. In den letzten zehntausend Jahren haben wir uns biologisch nicht geändert. Das bedeutet unter anderem, daß Menschen mit steinzeitlicher Emotionalität heute als Präsidenten Supermächte leiten oder in ihren Autos über die Autobahnen rasen. Wir schufen uns kulturell mit der technischen Zivilisation und der Großstadt eine Umwelt, für die wir biologisch zunächst nicht geschaffen sind. Wir müssen uns kulturell neu anpassen, und dazu ist es wichtig, die in unserem stammesgeschichtlichen Erbe verborgenen Stolperstricke zu erkennen, das heißt jene Handlungsdispositionen aufzudecken, die in der modernen Gesellschaft unter bestimmten Bedingungen zu fehlangepaßtem Verhalten führen.

Zukunft multikulturelle Gesellschaft?

So sind wir für den Umgang mit der Macht biologisch nur äußerst ungenügend ausgerüstet. Während alle anderen Antriebe – Hunger, Durst, Sexualtrieb – über Triebbefriedigung oder abschaltende Endsituationen ihre Absättigung erfahren, ist das Machtstreben nach oben hin nicht begrenzt – es ist unersättlich. Es lag in unserer Stammesgeschichte offenbar keine Notwendigkeit vor, Absicherungen gegen eine Eskalation des Machtstrebens zu entwickeln, denn das Machtpotential, das ein einzelner in den Kleinverbänden altsteinzeitlicher Kulturen an sich raffen konnte, war begrenzt. Auch waren in diesen Verbänden die Machtkämpfe durch persönliche Bekanntheit gemildert. In der anonymen Großgesellschaft dagegen treten Menschen den ihnen unbekannten Mitmenschen gegenüber rücksichtsloser auf. Darüber hinaus ist das heute verfügbare Machtpotential ungeheuer. Aus der Unersättlichkeit unseres Machtstrebens erwächst uns daher Gefahr. Ein übersteigerter Nationalismus kann in diesem Zusammenhang verheerende Folgen haben.

Kann man aber daraus schließen, daß jedes Bekenntnis zur eigenen Nation oder dem eigenen Volke – wie immer man es nennen will[4] – notwendigerweise zum Aufbau eines aggressiven Potentials führt, das zur Dominanz über andere drängt? Muß das Bekenntnis zur eigenen Nation notwendigerweise zu Überheblichkeit und zur Ablehnung anderer führen? Sicher ist das nicht der Fall, denn die Erziehung spielt eine große Rolle. Ein Patriotismus in Form einer kritischen Liebe zum eigenen Volk kann sich durchaus mit Wertschätzung und freundlicher Anerkennung anderer verbinden. Die Beziehungen der westeuropäischen Nationen werden zunehmend von wechselseitiger Wertschätzung geprägt. Voraussetzung dafür ist die Beseitigung von Vorurteilen, die Beseitigung der Angst vor dem Nachbarn und damit der Aufbau einer Vertrauensbasis. Auch scheint mir die Gefahr, die von einem zentralistisch regierten Nationalstaat ausgehen könnte, bei einer bundesstaatlichen Organisation mit liberaldemokratischer Verfassung gebannt.

Wäre es aber nicht dennoch besser, den Nationalstaat durch eine multikulturelle Gesellschaft nach dem Modell Geißlers abzulösen? Um diese Frage zu beantworten, müssen wir das Phänomen Nation verstehen. Wenn ein Biologe beobachtet, daß ein bestimmtes Merkmal bei einer bestimmten Art oder auch bei zahlreichen Arten immer wiederkehrt – es kann sich dabei ebenso um eine körperliche Struktur wie um ein Verhalten handeln –, dann fragt er sich, wozu dieses

Merkmal gut sein kann. Er versucht also herauszufinden, ob und in welcher Weise es als Anpassung im Dienste des Überlebens zu verstehen ist.

Nun handelt es sich beim Nationalismus um ein weitverbreitetes Phänomen. An Manifestationen nationaler Solidarität mangelt es ja gegenwärtig gerade nicht, in aller Welt beobachten wir nationale Bewegungen. Und wir akzeptieren es, daß Litauer, Esten und Letten sich gegen die Dominanz und gegen die Gefahr einer Überfremdung durch eine andere Nation wehren. Wir erschrecken allerdings über die Gewalttätigkeiten der Aserbeidschaner gegen die Armenier der Enklave Berg-Karabach, über den Ausbruch von Haß und Gewalt in der zu Georgien gehörenden Abchasischen Republik, über das Vorgehen der Bulgaren gegen die türkische Minorität und das Verhalten der Rumänen gegen ihre ungarischen und deutschen Mitbürger usw.

Handelt es sich hier um Äußerungen angeborener Verhaltensdispositionen, um die Folgen ideologischer Indoktrinierung oder um ein Zusammenwirken von beidem?[5] Gibt es kritische Situationen, die Fremdenablehnung fördern? Und schließlich: Wozu ist diese Abgrenzung gut?[6] Handelt es sich hier vielleicht um längst überholte verhaltenssteuernde Rezepte, die einst eine Funktion erfüllten, heute aber nur als historische Belastung zu verstehen sind, oder erfüllt dieses Bestreben nach Erhaltung der Gruppenidentität auch heute noch eine Aufgabe im Dienste der Förderung des Überlebens in Nachkommen? Man spricht in diesem Zusammenhang auch von Eignung und eignungsfördernden Merkmalen.

Um das Überleben konkurrieren die Lebewesen. Sie entwickelten dazu verschiedene Strategien des Wettstreites und der Kooperation. Bei vielen Tieren treten die Individuen als Einzelkämpfer auf. Sie bemühen sich, ihr Eigeninteresse selbst auf Kosten anderer Artgenossen durchzusetzen, die eigenen Jungen in der Regel ausgenommen. Wo Brutpflege betrieben wird, kommt es bei höheren Wirbeltieren zur Bildung von Familien. Bei vielen Vögeln beteiligen sich beide Elternteile an der Brutpflege, manchmal auch ältere Geschwister der vorhergehenden Brut.

Im Zusammenhang mit der Brutpflege entwickelten sich eigene Verhaltensweisen der Betreuung und kindliche Appelle, die diese auslösen, ferner der Drang, zu betreuen und Betreuung zu suchen. Damit waren Dispositionen zum Freundlichsein, zur Kooperation ebenso wie das Instrumentarium freundlicher Verhaltensweisen gegeben, die auch in den Dienst der Erwachsenenbildung gestellt werden konnten. Tatsächlich handelt es sich bei den bandstiftenden Verhaltensweisen, die in der Balz ebenso wie im sozialen Alltag geselliger Vögel und Säuger beobachtet werden können, um weiterentwickelte Verhaltensweisen der Betreuung und um kindliche Signale. Das zärtliche Balzfüttern und das davon abgeleitete Schnäbeln werbender Singvögel ist ritualisiertes Füttern. Das gleiche gilt für das Kußfüttern und das davon abgeleitete Küssen des Menschen. Soziale Gefiederpflege, soziale Fellpflege, Streicheln und schützendes Umarmen wären weitere Beispiele für aus der Brutpflege abgeleitete bandbekräftigende Verhaltensweisen.

Noch etwas anderes kam mit der Brutpflege in die Welt, nämlich die Fähigkeit, individualisierte Bindungen einzugehen. Denn dort, wo längere Betreuung der Jungen notwendig war, durften Mutter (oder Eltern) und Kinder einander nicht verwechseln oder gar verlieren. Für Alttiere wäre es überdies eine Fehlinvestition, genetisch nicht näher verwandte Junge zu betreuen. Die meisten Vögel und Säuger lehnen daher fremde Jungtiere ab, ja töten sie häufig sogar als Konkurrenten des eigenen Nachwuchses. Niko Tinbergen[7] filmte, wie Heringsmöven unbewachte Küken des Nachbarn überfallen und verschlingen. Bekanntheit unterdrückt aber in solchen Fällen die sonst gegen jeden Artgenossen gerichteten Aggressionen. Das gilt auch für Erwachsene.

Mit der Erfindung der Brutpflege kam also in der Form der betreuenden Verhaltensweisen und der kindlichen Appelle, die diese aktivieren, die Fähigkeit zum Freundlichsein in die Welt. Dazu kam noch die Motivation, zu betreuen und Betreuung zu suchen, die ein Urvertrauen in einen Partner voraussetzt, und schließlich die Fähigkeit zur Liebe, die ja durch die persönliche Bindung definiert wird.[8] Damit eröffneten sich auch für die Entwicklung der Beziehungen zwischen Erwachsenen neue Möglichkeiten. Bis dahin basierte das Sozialverhalten der Wirbeltiere auf den agonalen Mechanismen der Dominanz und Submission. Nunmehr eröffneten sich Möglichkeiten für affiliativ-kooperative Beziehungen. Man kann daher zu Recht die Entwicklung der Brutpflege als Sternstunde in der Verhaltensevolution der Wirbeltiere bezeichnen. Das affiliative Verhalten beschränkt sich zunächst allerdings auf die Familie, die sich anderen gegenüber abgrenzte. Bei Säugern jedoch erwuchsen aus den Familienverbänden durch das Zusammenbleiben der Nachkommenschaft im gleichen Territorium oft größere Verbände, deren Mitglieder einander entweder persönlich oder an einem gemeinsamen Merkmal (Geruch) als Gruppenkumpane kennen. Anders riechende Gruppenfremde werden zum Beispiel bei Hausmäusen angegriffen und vertrieben. Schimpansen dagegen bilden exklusive Gruppen, deren Mitglieder einander persönlich kennen. Sie besetzen ein Gruppenterritorium, das sie gegen Gruppenfremde verteidigen.

In der Konkurrenz mit anderen zählt dabei sowohl das geschlossene Auftreten der Gruppe als auch die Zahl. Je mehr Mitglieder eine Gruppe hat, desto besser kann sie ihr Gebiet verteidigen. Ein weiterer Vorteil besteht darin, daß die Bildung von „Wir-Gruppen" unter gleichzeitiger Abgrenzung gegen andere Fremde die Evolution fördert, da Mutationen sich nur in Kleingruppen durchsetzen und in der Konkurrenz mit anderen Gruppen bewähren können.

Wenden wir uns den Verhältnissen beim Menschen zu, dann finden wir Vergleichbares. Auch wir neigen dazu, uns in Gruppen zusammenzuschließen und von Fremden abzugrenzen. Wir reagieren auf Mitmenschen, die wir nicht kennen, deutlich anders als auf uns gut bekannte. Das ist bereits beim Säugling so, der im Alter von 6 bis 8 Monaten „Fremdenfurcht" zeigt, auch wenn ihm nie Böses von Fremden widerfuhr. Während bis zu diesem Alter jede Person, die sich dem Säugling zuwendet, Verhaltensweisen der Kontaktbereitschaft auslöst, reagiert das Kind nunmehr auf fremde Personen ambivalent. Es schwankt zwischen freundlicher Zuwendung und offensichtlich angstmotivierter Meidung. Es lächelt zum Beispiel den Fremden an und birgt sich danach scheu an der Brust seiner Bezugsperson. Die Scheu schlägt in Abwehr und Angstweinen um, wenn sich die fremde Person um körperlichen Kontakt bemüht. Kinder aller daraufhin untersuchten Kulturen verhalten sich so, als wären Fremde potentiell gefährlich, eine Annahme, die sich offenbar in der Phylogenese bewährte. Die Säuglinge sind allerdings offen, sich mit Fremden anzufreunden. Dazu bedarf es aber einer Zeit der Angewöhnung, die durch das Vorbild der Eltern und anderer Bezugspersonen abgekürzt werden kann. Die Stärke der Fremdenscheu hängt ferner davon ab, wie ähnlich die fremde Person den eigenen Bezugspersonen ist. Nach Untersuchungen des Amerikaners Feinman fürchten sich Negerkinder mehr vor fremden Weißen als vor Fremden der eigenen Rasse. Ganz analog verhält es sich mit der Fremdenscheu weißer Kinder.

In dieser uns angeborenen Verhaltensdisposition begründet sich unsere Neigung zur Wir-Gruppenbildung. Gelegentlich hört man, die Fremdenscheu des Kindes könne nicht mit der Fremdenscheu (Xenophobie) des Erwachsenen verglichen oder gleichgesetzt werden. Eine Begründung für diese Aussage fand ich nie. Es wäre auch schwer, diese Behauptung zu untermauern. Verfolgt man nämlich das xenophobe Verhalten in seiner Entwicklung, dann stellt man wohl Weiterentwicklung, aber keinerlei Abriß und Neubeginn fest. Die Weiterentwicklung wird entscheidend kulturell bestimmt. Der Mensch erfährt seine Einbettung in eine größere Gemeinschaft, er entwickelt abgestufte Loyalitäten und faßt auch Zutrauen zu Menschen, die er nicht kennt – aber eben abgestuft nach dem archaischen Grundmuster. Schon das „Du" und „Sie" in unserer Kultur spiegelt das abgestufte Vertrauen wider. Bemerkenswert bleibt das Mißtrauen, das zunächst unser Verhalten gegenüber Fremden kennzeichnet. Dieses Vorurteil schafft die Bereitschaft, vom Fremden vor allem das Negative wahrzunehmen, gewissermaßen als Bestätigung des Vorurteils. Diese Bereitschaft, ein Negativbild aufzubauen, muß man kennen, wenn man ihr entgegenwirken will. Einfach leugnen, daß dem so ist, hilft nicht weiter. Über Indoktrination kann die Fremdenscheu zu Fremdenhaß werden. Ich möchte dies betonen, um dem Mißverständnis vorzubauen, Fremdenhaß sei uns angeboren. Das ist nicht der Fall. Fremdenhaß ist das Ergebnis einer Erziehung, die Feindbilder aufbaut.

Jede der sich von anderen bis zu einem gewissen Grade abgrenzenden Kulturen stellt ein Experiment dar, auf andere Weise zu leben. Jede Kultur pflegt und tradiert eigene Subsistenzstrategien, eigene Formen der Lebensführung, eigene Varianten der Kunst, und das stellt sowohl eine Bereicherung des Kulturbesitzes unserer Gattung dar als auch eine Absicherung für das Überleben durch Schaffung von Vielfalt. Kultur wiederholt hier auf anderer Ebene schöpferisch, was Natur auf der Ebene der Artenbildung schuf. Vielfalt dient der Absicherung. Eine Monozivilisation würde die Anpassungsbreite der Menschheit einschränken, ganz abgesehen von dem mit der Einschmelzung der Differenzierungen verbundenen Werteverlust. Das Leben drängt nach Differenzierung auf der biologischen wie auf der kulturellen Ebene.

Menschen haben ein Bedürfnis, sich mit dem kulturellen Erbe der Gemeinschaft, in die sie hineingeboren wurden, zu identifizieren, dieses Erbe weiterzugeben und zu erhalten. Das wird auch als Menschenrecht anerkannt. Die Erhaltung kultureller Vielfalt hat keineswegs radikale Abschließung zur Voraussetzung. Kulturen standen stets miteinander im Austausch. Es kommt auf die Ausgewogenheit zwischen Öffnung und Identitätsbewahren der Abgrenzung an. Fühlt sich eine Ethnie von einer anderen bedrängt, dann neigt sie dazu, in Kontrastbetonung ihre Eigenart hervorzuheben und sich notfalls sogar aggressiv abzugrenzen.

Dem muß aber nicht so sein. Es gibt Modelle für ein multiethnisches Miteinander, die durchaus funktionieren. Territorial seßhafte Ethnien können über Konventionen ihre Beziehungen zum Nachbarn durchaus so gestalten, daß kultureller Austausch und andere Formen der Kooperation gedeihen. Das funktioniert zum Beispiel seit dem Ende des Zweiten Weltkrieges in Westeuropa sehr gut.

Voraussetzung für eine solche Befriedung sind Bündnisse und vertrauensbildende Maßnahmen, die die territoriale Integrität der Nationen sicherstellen und das Recht auf Selbstbestimmung und damit auch auf Erhaltung des eigenen Volkstums als Menschenrecht festschreiben. Zielt heute jemand auf die kulturelle, sprachliche und ethnische Auslöschung einer Volksgruppe, dann gilt das als Ethnozid oder kultureller Völkermord.

Auch innerhalb eines Staates können verschiedene Völker, die lang eingesessen und damit territorial verwurzelt sind, in Freundschaft neben- und miteinander leben, vorausgesetzt, daß ihre territoriale Integrität und Selbstverwaltung garantiert sind und auch von Mehrheiten in der Gesamtregierung nicht gefährdet werden. Ein funktionierender Mehrvölkerstaat dieser Art ist zum Beispiel die Schweiz. Sobald jedoch eine Gruppe über eine andere dominiert, ist der Friede gefährdet.

Ein Zusammenleben verschiedener Ethnien in einem Staate funktioniert nur, wenn die Minoritäten territorial verankert sind und sich selbst verwalten bzw. ihre Geschicke lenken können. Ein deutschösterreichischer Patriot muß auch für den Patriotismus der Slowenen eintreten, sonst ist er unaufrichtig und verwirkt das Recht, sich für seine Südtiroler Landsleute einzusetzen. Die Probleme werden zunehmend erkannt. Mit dem wachsenden Vertrauen zwischen den europäischen Nationen werden sich die Nationalitätenkonflikte wohl auflösen. Eine multiethnische Gesellschaft ist hier im Werden.

Sie ist allerdings nicht mit jener gleichzusetzen, die Heiner

Zukunft multikulturelle Gesellschaft?

Geißler vorschwebt. Kommt nämlich der Aufbau von Minoritäten durch Immigration in einem bereits von einer Ethnie (Nation) bewohnten Land zustande, dann liegt eine völlig andere Situation vor. Die Einwanderer werden dann als Landnehmer wahrgenommen. Sie nehmen mit ihrer Niederlassung auf Dauer die kostbarste Ressource, die einem Volk zur Verfügung steht, in Anspruch, nämlich das Land. Sie werden daher als Eindringlinge erlebt, und das löst geradezu automatisch territoriale Abwehrreaktionen aus, und zwar dann, wenn keine Assimilation stattfindet und die Gruppen sich voneinander abgrenzen, was Nichtverwandte sehr unterschiedlichen kulturellen Hintergrundes ja auch zu tun pflegen und was sie nach Heiner Geißler ja auch tun sollen. Gestattet ein Volk anderen freie Immigration und den Aufbau von Minoritäten, dann tritt es Land ab und lädt sich zwischenethnische Konkurrenz im eigenen Lande auf. Das kann bei unterschiedlichen Reproduktionsraten im Laufe einiger Generationen sogar zu einer Majorisierung der ortsansässigen Ethnie und im Gefolge zu Konflikten führen.

Nach Hochrechnungen, die im Time Magazine vom 9. April 1990 veröffentlicht wurden, werden in der zweiten Hälfte des 21. Jahrhunderts die Weißen in den Vereinigten Staaten von Amerika in der Minderzahl sein. Der Umschlagpunkt, an dem Schwarze, Asiaten und Mittelamerikaner die Weißen überrunden, wird in etwa 70 Jahren erwartet. Die nichtweiße Bevölkerungsgruppe hat höhere Zuwachsraten durch mehr Geburten und weitere Immigration.

Man hat mir auf solche Hinweise öfter geantwortet: „Na, und wenn schon, was liegt denn daran, ob wir oder die Europäer weiterleben! Was ist denn an uns schon so besonders?" So kann man aber nicht argumentieren. Zwar gibt es in der Tat kein wie immer geartetes Interesse der Natur, weder an uns noch an irgendeinem anderen Lebewesen. Aber alle Lebewesen, so auch wir, vertreten ein legitimes Überlebensinteresse als Eigeninteresse. Zwar ist es dem einzelnen als Recht vorbehalten, durch Fortpflanzungsverweigerung aus dem Lebensstrom auszusteigen. Aber keiner ist berechtigt, die Fortpflanzungschancen der Kinder und Enkel seiner eigenen Gruppe einzuschränken und durch Indoktrination gewissermaßen Ethnosuizid zu propagieren, schon gar nicht Politiker, die sich ja per Eid verpflichteten, die Interessen des eigenen Volkes zu vertreten.

Vielfach wird von Befürwortern des Geißlerschen Modells darauf hingewiesen, daß Deutschland doch immer schon Einwanderungsland gewesen sei. (Schließlich hatten wir Polen, Hugenotten und viele andere aufgenommen.) Aber die europäische Binnenwanderung ist grundsätzlich unproblematischer. Wer als Deutscher nach Italien oder Frankreich auswandert, dessen Nachkommen werden in ein bis zwei Generationen zu Italienern oder Franzosen und umgekehrt. Bei den Völkern Europas handelt es sich ja um kulturell nah Verwandte, die durch eine lange gemeinsame Geschichte verbunden sind. Der Begriff „Abendland" drückt es aus. Das hat zwar nicht die Kriege unter den europäischen Völkern verhindert, wohl aber sind wir uns dessen bewußt, daß es sich um Bruderkriege handelte. Biologisch-anthropologisch handelt es sich bei den Europäern heute um eine recht einheitliche Population. Die meisten von uns – so wie wir aussehen – könnten in Paris, Mailand, Berlin oder Moskau zur Welt gekommen sein. Das gemeinsame europäische Kulturerbe verbindet auch genetisch nah Verwandte. Daraus ergibt sich für den Europäer neben einer familialen, lokalpatriotischen und nationalen Einbindung auch eine erlebte europäische Identität. All dies erleichtert die jeweilige Integration von Europäern in eine andere europäische Nation. Bei großen Bevölkerungsbewegungen kommt es sicher auch hier zu Problemen, doch sind diese in erster Linie wirtschaftlicher Art.

Auch eine gemäßigte Zuwanderung aus aller Welt hat Europa schon immer erlebt und sicher daraus biologisch und kulturell profitiert. Es kommt nur eben auf das Ausmaß an. Überschreitet dieses die assimilatorische Kraft der Völker, die Einwanderer aufnehmen, dann treten ganz automatisch Probleme auf. In Frankreich scheint dieser Punkt mit den Moslems erreicht, die sich mittlerweile als 4 Millionen starker Block etablierten und deren extreme Vertreter bereits die Moslemisierung Westeuropas als Ziel ausgeben.

Das multikulturelle Modell, das Geißler in Zentraleuropa einführen will, würde aufgrund uns angeborener Reaktionsbereitschaften zu Konflikten führen, zu Polarisierungen, die eine liberale Demokratie gefährden.[9] Auf meine diesbezüglichen Hinweise antwortete Geißler, der Mensch sei erwiesenermaßen kein Rotkehlchen und der Erwachsene kein Säugling. Und selbst wenn man den Menschen als geselligen Landsauger bezeichnen könne, wäre zu fragen: „Wo bleibt der Homo sapiens?". – Nun, das fragt sich wohl nicht selten ein jeder, der innen- und außenpolitische Geschehnisse verfolgt. Nur wer bereit ist, zur Kenntnis zu nehmen, wie der Mensch nun einmal ist, über welche Stärken und Schwächen er nun einmal verfügt, kann auch genügend Selbstkontrolle erringen, um so zu werden, wie er es gerne sein möchte.

In das Bemühen, den Aufbau einer multikulturellen Gesellschaft zu begründen, mischen sich humanitäre Argumente mit wirtschaftlichem Eigeninteresse in einer seltsamen Allianz. So hört man, wir müßten unseren Reichtum mit den unterentwickelten Ländern der dritten Welt teilen, und wir könnten uns dem Bevölkerungsdruck der dritten Welt gar nicht entziehen. Ich stimme darin insofern überein, als wir uns mit den Problemen der dritten Welt auseinandersetzen müssen und helfen sollten, soweit dies überhaupt im Rahmen unserer Möglichkeiten gegeben ist. Aber die Probleme der unterentwickelten Länder können sicher nicht durch Öffnung unserer Länder gelöst werden. Selbst wenn wir mehrere hundert Millionen aufnähmen, wäre den übrigen Milliarden nicht geholfen; wir würden uns dann nur grundsätzlich unlösbare Probleme aufladen. Jene, die für eine Öffnung oder ein Offenhalten der europäischen Länder für Einwanderer aus der dritten Welt plädieren, damit auch sie an unserem Wohlstand teilhaben könnten, bedenken außerdem nicht, daß wir deren Wohlstand auf Dauer gar nicht garantieren können.

Im Zusammenhang mit der Einwanderungsproblematik – sie betrifft Fremdarbeiter ebenso wie Wirtschaftsflüchtlinge – hört man oft, wir würden auf diese Menschen ja angewiesen sein, da sich zunehmend weniger eigene Leute bereitfänden, bestimmte Arbeiten zu verrichten. Besteht man wirklich darauf, billige Arbeitskräfte zu bekommen, dann müßte man entweder in Billiglohnländern produzieren oder nur noch Wanderarbeiter anmieten, denn Immigranten werden spätestens nach einer Generation ebenfalls nicht mehr bereit sein, als Billiglohnarbeiter zu werken, es sei denn, man hält sie künstlich vom Aufstieg zurück. Im Grunde halte ich das Argument „weil unsereiner es zu dem Preis nicht mehr macht, müssen andere her" für höchst problematisch, kommt hier doch eine Ausbeutermentalität zum Ausdruck. Man dürfte eigentlich keine Lohndrücker importieren, sondern sollte dem lokalen Angebot und der Nachfrage entsprechend besser bezahlen, so daß sich im Lande wieder Arbeitskräfte für die ungeliebten Tätigkeiten zur Verfügung stellen.

Absurd ist das Argument, wir müßten durch Förderung der Immigration den durch den Geburtenmangel bewirkten Bevölkerungsschwund ausgleichen. Mittlerweile sollte es sich doch herumgesprochen haben, daß wir auf einem übervölkerten Kontinent leben. Die Flüsse, das Grundwasser, die Luft sind vergiftet. Die Nordsee und das Mittelmeer kippen um, und unsere Wälder sterben. Unsere Baudenkmäler werden vom sauren Regen zerfressen und unsere Lungen von den Auspuffgasen der Autos. Bauland ist Mangelware, und wir sind bereits allergisch gegen Beton und Asphalt. Da sollten wir ein gewisses Gesundschrumpfen wohl gutheißen. Auch mit einer um ein Drittel verringerten Bevölkerung könnten die meisten europäischen Staaten einen hohen Standard technischer Zivilsation halten, und zwar ohne die Umwelt zu zerstören.

Die Fürsprecher der multikulturellen Gesellschaft gehen davon aus, daß der Mensch Wachs in den Händen der Meinungsformer ist, da ihm nichts angeboren sei. Wir zeigten, daß dem nicht so ist. Zu den uns angeborenen Bedürfnissen gehört der Wunsch nach Einbettung in eine größere familienübergreifende Gruppe, wie sie heute in einer Vielzahl ethnisch begründeter Nationen vorliegt.

Die Vorstellung Heiner Geißlers, ein Verfassungspatriotismus könne den nationalen ablösen, orientiert sich nicht an der Wirklichkeit. Er kann eine zusätzliche Klammer bilden – das lehrt das Beispiel der Schweiz. Aber auch das funktioniert nur, weil hier nah verwandte Völker – Franzosen, Deutsche, Italiener und Rätoromanen – in einem föderativ organisierten Staat verbunden sind und damit also die Priorität des ethnischen Eigeninteresses respektiert wird. In ähnlicher Weise verbindet heute der europäische Gedanke die europäischen Nationen in einer Gemeinschaft, in die auch die osteuropäischen Staaten zunehmend einbezogen werden, ohne dabei aber ihre Identität und Souveränität aufzugeben.

Die Notwendigkeit, auf die Nationalgefühle der Menschen Rücksicht zu nehmen, haben mittlerweile auch undogmatische Sozialdemokraten erkannt. Bemerkenswert fand ich Günther Nennings Ausführungen zu diesem Thema. „Es gibt eine Rechte", schreibt er, „die ist nicht faschistisch. Sie ist in dieser historischen Stunde wichtig und interessant. Das Ergebnis der osteuropäischen Revolutionen ist, daß die scheinbar untergegangenen Nationen wieder lebendig sind... Die Nationalgefühle, die wieder da sind, müssen sich einbetten in freie, gleiche, friedliche Buntheit und Liebe unter gemeinsamem Dach – von dieser historischen Aufgabe darf sich die Linke nicht absentieren, wenn sie wieder eine Linke sein will... In Agonie liegt eine geschichts- und hilflose Linke, die Nationalgefühl für identisch hält mit Nazismus, der alles Deutsche verdächtig ist, und die in der endlichen Nationwerdung der Deutschen nichts als ein Unglück sieht." Und, weiter ausholend, kommt Nenning zu dem Schluß: „Die wiedererwachten europäischen Nationen sind ebensoviele kleinteilige Widerstandsnester gegen die Verwandlung des Erdteils in einen großökonomischen Einheitsbrei, der Natur und Seelen mordet."... „Wer dieses neue Europa der wimmelnden Nationen und Natiönchen nicht mag, soll gefälligst ehrlich dazuseufzen: ,Unterm Stalin hat's das alles nicht gegeben'" (Günther Nenning, DIE ZEIT, 21./22. 4. 1990).

In diesem Zusammenhang ist auch ein deutscher Patriotismus als kritisches Bekenntnis zur eigenen Nation durchaus zu begrüßen. Jean-Marie Soutou, ein Mann der Resistance und Generalsekretär des französischen Außenministeriums, schrieb 1985: „Wir alle brauchen ein Nationalbewußtsein der Deutschen, das stabil sein sollte, aufrecht, rein, selbstsicher, ohne Befangenheit wie ohne Arroganz, von ruhiger Klarheit."[10]

Um anderen Menschen freundlich gegenüberzutreten, bedarf es einer gewissen Selbstsicherheit (nicht zu verwechseln mit Überheblichkeit) – und das ist eine Voraussetzung, um solidarische, vertrauensvolle Beziehungen zu den anderen Staaten Europas herzustellen. Sicher hat das Selbstwertgefühl aller Deutschen durch die unter der Herrschaft des Nationalsozialismus begangenen Verbrechen gelitten. Scham erfüllt uns alle, wenn wir daran denken. Aber die Schamhaltung darf nicht zu einer Dauerhaltung werden. Wer dafür eintritt, dem Slogan: „Ich bin stolz, ein Deutscher zu sein" die Devise entgegenzusetzen: „Ich schäme mich, ein Deutscher zu sein",[11] raubt nicht nur unserer Jugend sehr wichtige lebensstützende Indentifikationsmöglichkeiten, sondern auch jenes Selbstvertrauen, das Menschen brauchen, um anderen in Offenheit zu begegnen. Darüber hinaus besteht die Gefahr, daß Demagogen das so geschaffene ideologische Vakuum für Ihre Zwecke und zum Schaden der liberalen Demokratie nutzen, was auch nicht gerade für die Beziehungen zu unseren Nachbarn förderlich wäre.

---

[1] Heiner Geißler, geb. am 3. 3. 1930, seit 1977 Generalsekretär der CDU, innerhalb der er ein Vordenker der multikulturellen Gesellschaft ist.
[2] Hoffmann, L. und Even, H. (1984): Soziologie der Ausländerfeindlichkeit. Zwischen nationaler Identität und multikultureller Gesellschaft. Beltz Verlag, Weinheim und Basel.

³ Peter Glotz, geb am 6. 3. 1939, seite 1981 Bundesgeschäftsführer der SPD, Studium der Soziologie, Germanistik, Philosophie und Kommunikationswissenschaften. Einer der Programmvordenker innerhalb der SPD.
⁴ Das Wort „Nation" bezieht sich bereits von der Wortbildung auf die Abstammung oder Geburt (von lat. nascii geboren werden) und bezeichnet eine soziale Großgruppe, die durch Gemeinsamkeit von Abstammung, Wohngebiet, Sprache, Kultur und Geschichte verbunden ist. Nationalstaaten umfassen im wesentlichen Vertreter einer Nation. Der Begriff „Volk" deckt sich mit diesem Nationsbegriff. Im englischen Sprachgebrauch wird „Nation" als Bezeichnung für das Staatsvolk gebraucht, das sich aus Völkern mit verschiedener Geschichte und verschiedenem kulturellen Erbe zusammensetzen kann.
⁵ Zum Begriff „Angeboren" siehe Eibl-Eibesfeldt (1986): Die Biologie des menschlichen Verhaltens. Piper-Verlag, München, 2. Auflage.
⁶ Gut im Sinne von angepaßt an die Aufgabe, das Überleben in eigenen oder genetisch nah verwandten Nachkommen zu fördern. Wer das nicht schafft, für den endet bekanntlich das Abenteuer der Evolution. Er steigt aus dem Strom des Lebens aus.
⁷ Nikolaas Tinbergen, geb. am 15. 4. 1907, früher Mitarbeiter von Konrad Lorenz, seit 1949 Professor für Zoologie in Oxford. Verfaßte das erste Lehrbuch der Ethnologie.
⁸ Eibl-Eibesfeldt, I. (1970, ¹³1987). Liebe und Haß. Zur Naturgeschichte elementarer Verhaltensweisen. PiperVerlag, München.
Eibl-Eibesfeldt, I. (1984, ²1986). Die Biologie des menschlichen Verhaltens – Grundriß der Humanethologie. Piper-Verlag, München.
⁹ Es ist in diesem Zusammenhang geradezu erstaunlich, wie wenig man bereit ist, sich an der Wirklichkeit zu orientieren. Im Magazin der Süddeutschen Zeitung (Nr. 36/1990, S. 13–19) erschien ein Bericht von Joachim Riedl über New York, in dem es unter anderem heißt: „Mag Bürgermeister Dinkins in salbungsvollen Feiertagsreden noch so oft seinen längst entkräfteten Wahlkampfslogan vom ‚prachtvollen Mosaik' der Vielvölkerstadt hervorkramen und Versöhnungshymnen anstimmen. Knapp zwei Drittel der Bevölkerung erklärten jüngst in einer Meinungsumfrage, auch dem neuen Bürgermeister der guten Hoffnung werde es nicht gelingen, das zertrümmerte ethnische Mosaik zu kitten." „In den Straßenschluchten von New York tobt ein wildes Neben- und Gegeneinander verschiedenartiger Subkulturen; die babylonische Stadt ist in die Territorien rivalisierender Stämme unterteilt, die versuchen, einander ihr jeweiliges Revier abzujagen. Aggressive Gruppenrituale verleihen einzelnen Stadtvierteln ihre charakteristische Atmosphäre. Drohgebärden sind häufig die einzig verbliebene Kommunikationsform: Vielsprachiges Stimmengewirr dröhnt in diesem Zivilisationslabyrinth."
¹⁰ Deutsche Übersetzung von Michael Stürmer: Deutsche Fragen oder die Suche nach der Staatsräson. Serie Piper, München 1988, S. 203.
¹¹ Dieter Zimmer, der dieses Zitat aus der Zeitschrift „Arbeiterkampf" entnahm, schreibt dazu: Die Scham als Lebensform persönlicher Wahl in Ehren: Dieses Motto mutete dem Volk zu, was es nicht leisten wird, und eine Linke, die es zum Programm erhebt, hat keinerlei Zukunft. Ein ganzes Volk kann und wird nicht im Zustand der Selbstverachtung leben." (DIE ZEIT 15, 6. 4. 1990.)

„ZU EINER ANSTÄNDIGEN NATION GEHÖRT, DASS MAN AUSLÄNDER ANSTÄNDIG BEHANDELT..."

Zitate von Günther Nenning aus einer Diskussion mit Dr. Jörg Haider und Bischof Kurt Krenn

Recht auf Heimat ist eines der ältesten, ursprünglichsten Menschenrechte, und was ich mir wünsche, ist, daß dieses Menschenrecht in voller Fülle gesehen wird und sich entfalten kann. Nimmt man es in voller Fülle, ist alles drinnen. Das Recht auf Heimat heißt, noch dazu in einer Demokratie, auch das Recht, zu sagen, das, was ich da in diesem Lande habe, das will ich auch in einer gehörigen Mischung, aber doch weiterhin haben. Ich will nicht überrollt und ich will nicht überfremdet werden. Was in dieser gegenwärtigen Situation so stört, ist die ungeheuerliche Verlogenheit auf allen Seiten, und da man die Regierenden, weil sie die Regierenden sind, als Bürger am meisten angreifen soll, sage ich, ich will eigentlich keine Regierung und keine regierende politische Klasse, die so viel heuchelt und so viel lügt, wie das in der gegenwärtigen innenpolitischen Diskussion der Fall ist. Ich bin ein leidenschaftlicher, geradezu altmodischer Antifaschist, aber wenn ich mir jetzt ansehe, wen ich jetzt als Genossen, Kameraden, Kollegen als Antifaschist habe, graust mir auch. Wenn jemand den Antifaschismus erst entdeckt, weil er seinen Sessel hinunterschaut und sieht, wie der Jörg Haider an dem Sessel sägt, wenn er erst dann ein leidenschaftlicher Antifaschist wird, so reicht mir das nicht.

Ich würde mir wünschen, daß mit der notwendigen Betonung gesagt wird, ihr Österreicher habt ein Recht darauf, daß ihr bei euch daheim seid, das halte ich für positiv, denn die anderen sind zu feig, das zu sagen. Dann wünsche ich mir aber auch, daß die FPÖ mit einiger Deutlichkeit ihren eigenen Anhängern und allen Österreichern sagt: „Eine anständige Nation achtet die anderen Nationen, und da ist die primäre Frage nicht, wieviele sind es, sondern diese Einstellung. Zu einer anständigen Nation gehört, daß man Ausländer anständig behandelt, daß man sie nicht anspuckt, nicht ewig darüber matschkert usw. und so fort." Dieses Recht auf Heimat nicht nur daheim herauszustellen, sondern für alle Menschen, das halte ich für etwas, was wirklich entscheidend ist. Ich weiß schon, die FPÖ hat es schwer, aber auf Dauer dürft ihr euch nicht davor drücken, wenn ihr das sein wollt, was ihr sagt, daß ihr einen wirklich modernen Begriff der Nation herausarbeitet, der den ganzen Reichtum dessen, was Nation bedeutet, nämlich einschließlich dieser Liebe zu allen Völkern, wirklich zum Thema macht.

Von der FPÖ würde ich meinen, sie wäre wohlberaten, wenn sie einen Verhaltenskodex, einen unsichtbaren oder sichtbaren Verhaltenskodex nicht nur in bezug auf Ausländer, sondern auch auf Inländer erarbeitet und sagt, gerade weil es unsere eigenen Leute sind, gerade weil wir unser eigenes Volk lieben, wollen wir nicht diese seltsamen Trübungen im Gehirn, im Herzen und im Bauch der Leute. Da liegt eine gewaltige Aufgabe vor euch, insbesondere bei einer wahrhaft nationalen Partei.

Es kommen keine weiteren Zehntausende. Grober noch gesagt, zwischen dem Zusperren der Grenzen und der anständigen Behandlung der Ausländer im Inland besteht in Wahrheit ein Zusammenhang. Wenn sie sagen, das sind Dumme, die schlecht über Ausländer reden, dann muß ich fragen, warum ist er dumm? Dumm heißt dumpf und eng. Er ist dumm, weil er Angst hat, weil er keine Sicherheit vor sich sieht, weil er nicht weiß, wie es denn weitergehen soll. Daher glaube ich, obwohl da auch ein gerüttelt Maß an Unmenschlichkeit und Unchristlichkeit drinhängt, auf kurze Frist muß man einfach zumachen, und dann muß man sagen, so, Leute, jetzt redet euch nicht darauf aus, daß Zehntausende kommen, jetzt behandelt die, die da sind, anständig, menschlich, christlich und auch mit Intelligenz. Es gibt intelligente Lösungen und unintelligente, und dann müssen sich eben alle, die ein Hirn haben, zusammensetzen und sagen: Das werden wir schon lösen. Nur unter dem Druck, daß ununterbrochen gesagt wird, da kommen ja noch zehntausend weitere, das ist ja nur der Anfang, unter dem Druck dieser – sozusagen – Verzeiflung werden menschliche und christliche Lösungen nicht möglich sein. Deswegen, so leid es mir tut als Sozialist, als Grüner, als Christ: In dem gegenwärtigen Augenblick und in dem gegenwärtigen Zustand muß ich sagen, jetzt machen wir einmal zu und dann, aber sofort und uno acto, weil das zusammengehört, benehmen wir uns wie anständige Österreicher, anständige Deutsche und anständige Mitteleuropäer. Jetzt behandeln wir die anderen geradezu mit besonderer Anständigkeit, und die fehlt mir in der Tat. Es ist eine Aufforderung an die FPÖ als eine nationale Partei, diese Stimmung zu schaffen unter den eigenen Leuten, zu sagen, wenn ihr ordentliche Leute sein wollt, wenn ihr zu uns gehört, dann behandelt gefälligst die Ausländer anständig.

Ich glaube, jede Nation ist ein Produkt einer multikulturellen Entwicklung. Die Nation ist eine Mischung. Worauf es ankommt, das ist die konkrete Geschichte der Nation, ist das Geheimnis der Mischung. Ganz primitiv gesagt, wenn fünf Fremde zu einem Negerstamm kommen, wird ein Schwein gebraten. Wenn fünfzig kommen, wackelt der Häuptling mit dem Kopf, sind es sogar fünfhundert, wackeln alle mit den Köpfen, wenn fünftausend kommen, werden die Speere geputzt und geschliffen.

Nun gibt es einige, die glauben, wenn recht viele Türken und andere kommen und wenn die alle die Staatsbürgerschaft kriegen, dann werden wir die politischen Verhältnisse in diesem Lande umdrehen. Das ist unsauber, und da sage ich, liebe Mitsozialisten, wenn wir einen Sozialismus wollen, müssen wir Sozialisten ihn selber machen und nicht durch Billigarbeiter aus der Fremde versuchen, es dahinzukriegen. Kein Schwindel soll geschehen.

Ein Recht auf Heimat ist nicht primär ein Recht auf neue Heimat, dieses Recht gilt für bedrängte Flüchtlinge. Recht auf Heimat ist vor allem das Recht auf alte Heimat. Dort, wo wir zu Hause sind. Ich bin der Meinung, daß unter der Maske der Ausländerfreundlichkeit in Wahrheit Inländerhasser sind, und das sage ich insbesondere für meine Mitintellektuellen, das ist ein Stück Selbstkritik, denn ich bin ja auch ein Intellektueller.

Auch in der Frage der Kriminalität soll man In- und Ausländer nicht gegeneinander ausspielen. Ich glaube, daß es gerade, wenn es die eigenen Leute sind, verdoppelt darauf ankommen muß, zu sagen, bitte schön, tut das nicht, ihr müßt euch anständig verhalten, auch wenn es schwer ist, auch wenn ihr berechtigten Frust habt. Zum berechtigten Frust möchte ich als alter Sozi noch sagen, daß er ein Aspekt dieses Ausländerproblems ist, und deswegen steigt das den Inländern ja so auf: Anscheinend haben Parteien, die mit „S" beginnen, den Sozialismus vergessen oder auch nur auf die Arbeiter.

AUTORENVERZEICHNIS

Rudolf Eder

geb. am 13. März 1934 in Waizenkirchen/OÖ; nach dem Studium der Handelswissenschaften an der Hochschule für Welthandel Studium der Politikwissenschaft in Paris (Fondation Nationale de Science Politique und Sorbonne); 1967 Habilitation Nationalökonomie; vor seiner Habilitation arbeitete er als Dreher, Konstrukteur, Projektingenieur und Exportkaufmann; 1965 kam er als Assistent an die Hochschule für Welthandel zurück; 1967 wurde er wissenschaftlicher Leiter der österreichischen Forschungsstiftung für Entwicklungshilfe; ab 1971 arbeitete er als Berater verschiedener internationaler Organisationen im Bereich Entwicklungsplanung – Entwicklungspolitik; in Tansania war er Direktor der staatlichen Bergholding SMC; ein Jahr verbrachte er auf Vanuatu als Entwicklungsplaner, ein halbes Jahr in Mexiko und längere Zeit in 36 anderen Ländern Afrikas, auf verschiedenen Inseln im Pazifik, in Südostasien, der Karibik und Zentralamerika; seit 1975 ist er Leiter der Abteilung Außenwirtschaft und Entwicklungsökonomik am Institut für Volkswirtschaftstheorie und -politik der Wirtschaftsuniversität Wien.

Univ.-Prof. Dr. Irenäus Eibl-Eibesfeldt

geb. 1928 in Wien; Prof. Dr. phil.; studierte Biologie und war von 1946 bis 1949 Mitarbeiter an der Biologischen Station Wilhelminenberg. 1949 übersiedelte er an das von Konrad Lorenz geleitete Institut für vergleichende Verhaltensforschung der Österreichischen Akademie der Wissenschaft und folgte 1951 Konrad Lorenz als wissenschaftlicher Mitarbeiter nach Deutschland in das neugegründete Max-Planck-Institut für Verhaltensphysiologie, deren Leiter er seit 1970 ist und das 1975 zur selbständigen Forschungsstelle für Humanethologie erhoben wurde. 1967 legte er mit dem Grundriß der vergleichenden Verhaltensforschung das erste umfassende Lehrbuch dieses Faches vor. Er hat mehrere Publikationen, darunter insbesondere „Der Mensch. Das riskierte Wesen." (1991) sowie „Und grün des Lebens goldener Baum" (1992) herausgegeben, die sich mit dem Thema der multikulturellen Gesellschaft und der Einwanderungsproblematik befassen.

Robert Hepp

geboren 1938, Studium der Soziologie, Dr. phil., Ass. Professor an der Universität Saarbrücken, Professor für Soziologie an der Universität Osnabrück mit Arbeitsschwerpunkten Kultursoziologie, Politische Soziologie und Historische Demographie: ist einer der wenigen deutschen Bevölkerungswissenschaftler der Nachkriegsgeneration, die wegen der politischen Konsequenzen des Geburtenrückganges für eine pronatalistische Bevölkerungspolitik eintreten. Zahlreiche Veröffentlichungen zu diesem Thema, darunter: Der Aufstieg in die Dekadenz – Bevölkerungsrückgang als politisches Problem, in: Mohler, A. (Hrsg.): Wirklichkeit als Tabu (1986).

Otto Koenig

geb. 1914 in Klosterneuburg; „Naturschützer der ersten Stunde"; nach Kriegsende gründete er die „Biologische Station Wilhelminenberg", deren Zielsetzung die „ethologische Beobachtung von Tieren" und die „Auswertung der Erkenntnisse für den Menschen" war; Begründer des Forschungszweiges „Kulturethologie"; seit 1972 organisierte er zu diesem Thema die „Matreier Gespräche" (Forum für interdisziplinäre Forschung); seit 1956 lief seine Fernsehsendung „Rendezvous mit Tier und Mensch"; gestorben 1993; Träger zahlreicher österreichischer und internationaler Preise, Auszeichnungen und Ehrungen.

Erlung Kohl

geb. 1952 in Villach; Besuch eines Humanistischen Gymnasiums in Graz; anschließend Studium der Zoologie und Biologie in Graz; ab 1979 Studium der Verhaltensforschung und Kulturethologie am Institut für vergleichende Verhaltensforschung am Wilhelminenberg; ab 1984 eineinhalb Jahre Praxis im Vogelpark Schmiding bei Wels; seit 1986 Mitarbeiter am Institut für angewandte Ökoethologie und bei der Forschungsgemeinschaft Wilhelminenberg sowie an der Fernsehsendung „Rendezvous mit Tier und Mensch" bei Otto Koenig.

Heinrich Lummer

geboren am 21. November 1932 in Essen; römisch-katholisch. Lehre der Elektromechanik, Studium der Politischen Wissenschaften an der Freien Universität Berlin, Diplompolitologe. 1962 bis 1964 Assistent am Institut für Politische Wissenschaft der Freien Universität. 1964 bis 1965 Leiter des Besucherdienstes des Bundeshauses Berlin. 1965 bis 1969 Fraktionsgeschäftsführer der CDU. Mitglied der CDU seit 1953. Vorsitzender eines Ortsverbandes. 1967 bis 1986 Mitglied des Abgeordnetenhauses von Berlin, 1969 bis 1980 Fraktionsvorsitzender, 1980 bis 1981 Parlamentspräsident. 1981 bis 1986 Bürgermeister von Berlin und Senator für Inneres. Mitglied des Bundestages seit 1987.

Johann Millendorfer

geb. 1921 in Wien; Studium an der Technischen Univ. Wien; 1954 Dipl.-Ing. der Technischen Physik; 1954–1964 Industrieforschung; zuletzt als Forschungsleiter bei der Firma Ruthner; 1960 Forschungsstipendium an der Landbau-Hochschule Wageninge (Niederlande); ab 1965 Wissenschaftliche Abteilung der Bundeswirtschaftskammer und neuerliches Studium der Wirtschaftswissenschaften; 1967, 1970 und 1972 Forschungsaufenthalte in den USA; 1969 Gründung der Studiengruppe für Internationale Analysen mit Hilfe von Bundeskanzler Klaus, seither deren wissenschaftlicher Leiter; 1971 Dissertation in Wirtschaftswissenschaften an der TU Graz; 1973 Mitarbeiter des IIASA (Internat. Institut für Angewandte Systemanalysen, Laxenburg); seit 1974 Lehrauftrag an der Univ. Wien: Systemtheoretische Grundlagen politischer Entscheidungen; 1983 Habilitation in Soziologie der Gesellschaft; 1985 Gründung von SPES (Studiengesellschaft für Programme zu Erneuerung von Strukturen, Schlierbach, OÖ).

Andreas Mölzer

Jahrgang 1952, geboren in Leoben (Steiermark), Studium der Geschichte und Volkskunde an der Universität Graz. Seit 1991 Mitglied des Bundesrates der Republik Österreich und Kuratoriumsvorsitzender des Freiheitlichen Bildungswerkes. Autor zahlreicher Zeitschriften- und Buchbeiträge, sowie einer Reihe von Büchern: Österreich und die deutsche Nation (1988) – Österreich – ein deutscher Sonderfall (1988) – Bausteine Mitteleuropas (1989) – Der Eisbrecher (1990) – Kärntner Freiheit (1990) – Und wo bleibt Österreich? (1991)

Günther Nenning

geb. 1921; Dr. phil. et rer. pol.; Journalist; 1948–1958 stv. Chefredakteur der „Neuen Zeit" Graz; 1965 Herausgeber und Chefredakteur des „Neuen Forums", Mitarbeiter der Zeitschriften „profil", Wien; „Die Zeit", Hamburg; „Weltwoche", Zürich; sowie des ORF und der „Kronen Zeitung"; langjähriger Vorsitzender der Sektion Journalisten im ÖGB; zahlreiche Bücher und Publikationen.

Josef Schmid

geb. 1937 in Linz/Donau; Studium der Betriebs- und Volkswissenschaft an der Univ. München und Innsbruck, Diplom-Volkswirt 1965, Studium der Soziologie, Psychologie und Philosophie an der Univ. München; ab 1971 wissenschaftlicher Assistent am Institut für Soziologie der Univ. München; 1974 Promotion zum Dr. phil.; 1980 Habilitation und Ruf auf den Lehrstuhl für Bevölkerungswissenschaft an der Otto-Friedrich-Univ. Bamberg.
Buchveröffentlichungen u. a.: Einführung in die Bevölkerungssoziologie, Rheinbeck 1976. Bevölkerung und soziale Entwicklung, Boppard 1984. Das verlorene Gleichgewicht – Eine Kulturökologie der Gegenwart, Stuttgart 1992. Zahlreiche Publikationen zur sozialen und demographischen Situation der Industrienationen und der Dritten Welt.